FOLAMBULE

Guérin, Chamonix – www.editionspaulsen.com
Les éditions Paulsen sont une société du groupe Paulsen Media.

Antoine Le Menestrel

Folambule

Guérin
éditions Paulsen

À mes parents qui m'ont élevé,
À ma famille pleine d'attention,
À mes rencontres qui m'ont révélé,
À mes compagnons de vie,
À Marie-Laure, la femme de ma vie,
À Joakim, notre descendance.

J'ai tendu des cordes de clocher à clocher;
des guirlandes de fenêtre à fenêtre;
des chaînes d'or d'étoile à étoile,
et je danse.

Arthur Rimbaud, *Les Illuminations*

Préface

Idéaux et débats

Par Denis Lavant

À chacune des occasions que j'ai eues dans ma vie de le croiser, de l'apercevoir ou de me rappeler sa présence, Antoine Le Menestrel m'a toujours fait penser irrésistiblement à Hamlet le prince d'Elseneur.

Pourquoi cette idée saugrenue m'a-t-elle traversé, je ne saurais le dire.

J'avais la sincère impression qu'il ferait un bel Hamlet, moi qui avais pourtant scruté, soupesé, estimé longuement les possibilités que m'offrirait ce rôle sans jamais avoir eu toutefois la joie de l'interpréter.

Au bout du compte il aura fallu que je découvre *Folambule,* cet ouvrage de vie et de raison ou bien plutôt, de déraison vitale, pour avoir un peu la clef de l'apparition du prince d'Elseneur au côté de cet homme dévoué à l'expérimentation d'une chorégraphie ascensionnelle autant qu'à l'expression d'une poésie vivante, non répertoriée dans les registres des littérateurs.

J'aurais pu noter simplement : « *Telle est la question* » et m'en tenir à cette réponse d'Hamlet à l'unique interrogation métaphysique digne de ce nom : « *To be or not to be ?* »

Or c'est justement là le sujet qui parcourt, hante et tient le faisceau de ces lignes de vie d'un jeune homme des années 1980 en proie aux doutes et aux tourments autant qu'à une soif de spiritualité embarrassante, embarrassée de ne savoir dans quel espace retentir.

Alors Hamlet, oui, précisément à cause de son questionnement sincère, primordial et vital. Ainsi qu'Antoine, Hamlet passe son temps dans la tragédie éponyme de William Shakespeare à interroger tous azimuts, quiconque et constamment. À commencer par lui-même et sa propre nature humaine :

« Ah ! Pourquoi cette masse trop solide, cette chair, ne peut-elle se dissoudre, se fondre et s'écouler comme l'onde ? »

Crevant le quatrième mur du théâtre, ce concept fastidieux dont on ne sait plus très bien à qui l'on en doit l'origine ni à quoi bon, il prend à partie le public, le questionne sur sa raison et sa propre moralité. Et je conçois ainsi l'activité déployée par Antoine Le Menestrel au cours d'une belle tranche d'existence où il se pose une tête de mort à la main et s'efforce de scruter les orbites vides pour y puiser on ne sait quelle sagesse en réponse au grand désarroi de l'époque.

Ici, ce n'est plus à travers des restes anthropomorphes ni seulement par le biais de l'intellect que s'épanouit le questionnement fondamental qu'il porte en lui mais en prenant à bras-le-corps des parois rocheuses qui ne sont autre chose qu'entassement de concrétions millénaires d'une quantité inimaginable d'ossements ayant appartenu à d'innombrables créatures terrestres.

Ainsi Antoine dépasse-t-il fougueusement le cliché du prince mélancolique. Pénétrant de ses doigts exercés la cavité des orbites, prenant appui et élan sur les moindres aspérités de l'os et faisant fi du ricanement macabre des maxillaires blanchis au soleil, il s'élève réellement, poétiquement, atteint d'une grâce providentielle, au-dessus de ces catacombes à ciel ouvert.

Du même coup, Antoine, en véritable antihéros shakespearien, se défie des règles établies par ses précurseurs comme des us et coutumes dont la nécessité s'est corrompue ou affadie. Et, gardant l'éveil, même au prix de quelque désespérance, il fera plus et mieux que de bâtir une carrière ou gagner des sommets, il va tout à fait trouver sa voie, faisant rayonner sa libre vision artistique de créateur là où menaçait l'asphyxiante condition des compétitions sportives.

Tout cela évidemment suscite mon admiration. Admiration toutefois mêlée d'inquiétude.

Car si l'on veut bien admettre qu'un comédien, en passant sa vie sur les planches, arpente quasi quotidiennement un endroit périlleux, que dire de celui qui révèle son art en défiant constamment la gravité terrestre et qui met toute sa capacité physique, mentale et même un peu plus au service d'un spectacle vertigineusement inspiré ?

Et comme tout artiste digne de ce nom renverse tôt ou tard les notions acquises, Antoine finit par trouver l'issue idéale dans son questionnement entre le haut et le bas, investi cette fois de l'autorité d'un autre caractère shakespearien, peut-être le double inversé du prince d'Elseneur – je veux parler du roi Richard II qui, chassé des cimes du pouvoir, entame une descente vertigineuse, révélant peu à peu dans les accents pathétiques qui accompagnent sa brutale destitution le génie rayonnant de la plus humaine poésie qui soit.

Ainsi Antoine Le Menestrel, ne pouvant plus se satisfaire dans sa quête personnelle du mouvement très conventionnel que représente l'ascension, se propose de jeter un éclairage nouveau et d'attirer nos regards ré-enchantés et nos sens curieux sur cette opération inverse et complémentaire de descension, considérée jusqu'ici comme une nécessité formelle, voire un peu honteuse à exécuter de préférence en coulisses.

Voilà où cet itinéraire exalté d'un jeune grimpeur qui naît avec l'ascension dans le sang témoigne de grandeur d'âme, lorsqu'il ne craint pas d'aller au bout de sa portée et de nous faire entendre les moindres notes d'un caractère humain, jusque dans ses accents les plus graves.

Ainsi de Richard II :

« Je descends ! Je descends comme le brillant Phaéton hors d'état de gouverner des coursiers indociles.

Dans la cour basse ! Là où les rois s'abaissent jusqu'à obéir à la voix des traîtres, et à leur faire grâce.

Rendons-nous là-bas. À bas, cour ! À bas, roi !

[...] *Couvrez vos têtes, et n'insultez pas par ces profonds hommages une masse de chair et de sang.*

Vous m'avez méconnu jusqu'à présent :

Je vis de pain comme vous, je sens comme vous le besoin, je suis atteint du chagrin, j'ai besoin d'amis comme vous.

Ainsi assujetti, comment pouvez-vous me dire que je suis un roi ? »

D. L.

Paris, janvier 2024

Préambule

Je suis un descendant

Avant de vous raconter mon histoire, je veux remonter à mes origines.

Il y a trois cent mille générations, mon ancêtre se déplace à quatre pattes avec quatre mains. Il grimpe et vit dans les arbres. Puis un jour, il se retrouve piégé dans l'eau, les mains accrochées aux branches des mangroves. Pendant des millénaires, il peut se verticaliser grâce à la pression de l'eau sur son corps. Parfois l'eau monte si haut que pour sauver sa descendance il porte à bout de bras les enfants et les futures mères. Il bâtit des pyramides humaines. Ceux d'en bas sont sous l'eau et pour ne pas se noyer ils apprennent à maîtriser leur respiration.

Il y a dix mille générations mes aïeux maîtrisent le feu et sa verticalité. En grimpant sur des totems ils racontent des histoires qui descendent dans les profondeurs de la terre et qui montent au ciel. Leur élan d'explorateur nomade les envoie à la rencontre de l'horizontalité de la planète Terre.

Il y a neuf cents générations, Zeus est la honte de la famille. Le fils de Cronos trône en patriarche au sommet du mont Olympe. Sensible aux coups de foudre météorologiques et sexuels, l'érection lui monte à la tête. Il descend sur terre violer des femmes dont notre chère Europe. Nous devons faire son procès. C'est aussi dans notre inconscient qu'il faut purger notre mythologie patriarcale.

Sisyphe, puni par son grand-père Zeus, doit monter au sommet d'une montagne en poussant un rocher. Mais lorsqu'il redescend, il a le temps. Le temps d'une prise de conscience. Moi aussi, après l'ascension, j'ai des hauts et des bas. Arrivé au sommet, je n'oublie pas la descension. C'est le voyage qui me plaît. La descente n'est pas indécente quand le sommet est une voie sans issue.

Zeus a d'autres petits enfants. Icare veut s'échapper du labyrinthe et monte dans le ciel. Il a eu la prétention de monter trop haut et a été sanctionné. Je veux, comme lui, sortir du labyrinthe de la pensée. Mais pour ne pas monter trop haut et me brûler les ailes, je me déplume et je sème mes rêves.

*

Il y a trois cents générations nous devenons sédentaires, notre soif de découverte se verticalise. Notre père le Dieu monothéiste plane au-dessus des eaux. La terre est pour lui informe et vide. Après avoir seul créé toutes choses, il impose une mission à l'humanité. Il dit à Adam et Ève : « Croissez, remplissez la terre. Dominez toutes bêtes ». Ce dieu grave dans la pierre la hiérarchie verticale de la domination.

Il y a cent générations, Isaïe le prophète nous déclare : « Le ciel est mon trône et la terre mon marchepied. » Nous sommes imprégnés de cette vision du monde qui, depuis plusieurs millénaires, nous empêche de respecter la Terre. Nous ne pourrons pas résoudre nos difficultés de Terriens en « sortant par le haut ». Nous devons changer notre langage et nos imaginaires pour être fidèle à la Terre.

Il y a soixante-dix générations le Christ, le fils du Dieu unique, est descendu sur Terre. Vendu puis crucifié au sommet d'une colline, Jésus a rééquilibré le haut et le bas. Il aime dire que « celui qui s'élèvera sera abaissé et celui qui s'abaissera sera élevé ».

Il a tenté d'épargner les femmes de la domination masculine : « Que celui qui n'a jamais péché jette la première pierre ». À cette même époque, les Gaulois avaient même peur que le ciel leur tombe sur la tête.

*

Il y a dix-sept générations, mon parent, Roméo Montaigu escalade le balcon à la rencontre de Juliette. Il invente une nouvelle relation amoureuse et va lui faire la cour avec des hauts faits. Je le sais, je suis un « ménestrel » et comme dit Shakespeare : « j'escalade les murs portés par les ailes légères de mon amour ».

Il y a sept générations, c'est le Père Noël qui apporte des cadeaux en passant par les toits. Nous adorons nous raconter des histoires mais à la fin c'est nous qui payons. Le Père Noël est comme notre dieu de la consommation.

Il y a quatre générations, Harold Lloyd escalade avec humour un building pour faire la promotion d'un magasin. Il épate la foule qui le pousse à grimper plus haut et prendre plus de risques.

Tarzan mon grand-père, vit dans la forêt sauvage, et se déplace sur des lianes. C'est lui qui m'apprend la technique de voltige sur corde. Il est d'origine de la haute société et ses parents mènent la vie de château.

Spider-Man c'est mon grand frère, il est né en 1962 à New York. Je ne l'ai jamais connu car mon père n'aimait pas le « *star-system* américain ». Ce système qui vit du cliché du superhéros masculin porté par l'idolâtrie des masses et qui veut sauver les gens d'en bas. Moi je l'aime bien, il maîtrise la verticalité urbaine.

*

Mon père s'appelle Jacques Le Menestrel, c'est son vrai nom il n'a pas d'accent et deux majuscules pour l'ennoblir. L'arbre généalogique remonte jusqu'au XVe siècle.

Ménestrel a la même racine que ministre, « celui qui est au service de ». Un ménestrel est un artiste qui est au service du trouvère, celui qui trouve les vers : le créateur.

Mon père s'inscrit déjà dans un chemin de redescente, il délaisse sa famille issue de la haute société car il ne peut pas emmener ses amis ouvriers dans le château familial. La haute l'atterre car elle oublie que sans bas, pas de haut. Jacques refuse de poursuivre des hautes études pour faire ce qui lui plaît. Il est ingénieur géographe à l'Institut géographique national pour être près des montagnes et mesurer les distances entre les sommets. À l'armée, il refuse la hiérarchie et on lui reproche d'être trop proche de ses subordonnés. Après la fin de la guerre d'Algérie, il accompagne comme militaire les convois acheminant les bombes nucléaires dans les montagnes du Sahara. Un jour la montagne explose, il se prend une dose radioactive. Beaucoup de ses camarades sont morts de leucémie, mais Jacques a tenu et grimpé jusqu'à 72 ans. À la fin de sa vie toute la famille l'a accompagné, mon père est maintenant entre ciel et cendre.

Ma mère se nomme Hélène Gorecki, ce qui veut dire la montagne en polonais, elle s'est révoltée contre le patriarche de la famille : son père. Elle passe son permis de conduire en cachette grâce à ses sœurs solidaires. Elle fait ses études de médecine contre la volonté de son père. C'est la sororité qui la sauve. Devenue gynécologue, elle accompagne toute sa vie les grossesses des femmes et la mise bas d'un nouvel être humain sur terre. En 1973, elle signe le manifeste des 331 médecins qui déclarent avoir pratiqué illégalement des avortements. Elle aurait pu être radiée de l'Ordre des médecins. Elle veut surtout secourir les femmes en détresse. Je suis fier de son engagement féministe.

En février 1964, ma mère et mon père se rencontrent par l'intermédiaire de Marie-Rose, lors de la course en peau de phoque de Belledonne. Pour ma mère c'était la première sortie à ski en montagne. Elle est amoureuse et rien ne l'arrête. Pas même une peau de phoque déchirée qu'elle est capable de recoudre en pleine montagne. Cet engagement a séduit mon père qui était déjà fiancé. Plutôt qu'une bague, Jacques lui offre une paire de chaussons d'escalade. Je suis conçu le 14 juillet 1964 dans un cabanon en montagne, à hauteur des feux d'artifice de Chamonix. Je grimpe toujours avec ma maman qui a 82 ans, c'est un cadeau de la vie.

Je suis arrivé sur terre le 13 avril 1965 à Paris XIV. J'ai des yeux bleus, je suis blanc et blond. Je fais partie de la classe des « dominants » dans la civilisation de la conquête dont la maxime est : « En haut c'est bien, plus haut c'est mieux ». Cette attitude conquérante je la retrouve dans la croissance économique et l'espoir de richesse, l'ascension sociale et sa reconnaissance, la volonté de monter sur la plus haute marche du podium, celle de devenir une star, la recherche d'un paradis céleste imaginaire… Au nom de cette quête altière, la société accepte qu'on puisse marcher sur la tête de ses concitoyens, épuiser notre planète ou conquérir une femme comme un territoire. Nous cherchons avidement à grimper toujours plus haut et nous nous déshumanisons. Au sommet d'une montagne, il fait froid, le soleil brûle. Plus haut, les montagnards ne peuvent pas dormir ou manger correctement, ils ont des hallucinations, les nuages nourrissent la tempête, le sommet est invivable. Le paradis n'est pas en haut, c'est un mensonge.

Chapitre 1

Graines d'art

Je n'ai jamais commencé à grimper, mon père grimpait, ma mère grimpait et je grimpais dans le ventre de ma mère. L'escalade, je suis tombé dedans tout petit.

À un an, mon premier grand voyage c'est dans la région des lacs au Canada. Mes parents voyagent en autonomie complète avec un canoë sur le dos. Un jour, un ours entre dans ma tente puis ressort. Mes parents ne sauront pas ce qui s'est passé entre moi et l'ours. Cette histoire racontée m'a façonné un mystère personnel. La deuxième année c'est à Banon, en Provence, que je finis de téter le sein de ma mère pour commencer à sucer le fameux fromage de Banon.

Nous habitons Épinay-sous-Senart, où ma mère peut s'installer comme gynécologue. Son cabinet est dans notre maison, de mon jeune âge je garde le souvenir de femmes dans la salle d'attente qui veulent avoir des enfants ou se faire avorter. Pour mon père, la maison est à mi-chemin entre son travail à Paris et l'escalade à Fontainebleau.

Avec mon frère Marc, on fait le tour de la maison sans toucher le sol par les plinthes, les corniches des portes, les placards et les meubles. Nous dormons en hauteur dans des placards coulissants où l'on grimpe facilement. Notre père bricoleur a renforcé les étagères pour nous. J'apprends à bricoler avec lui. J'aménage la maison comme un mur d'escalade, on s'entraîne à l'artificiel avec des étriers sur le portique de la balançoire. Je taille des prises dans le mur en crépi pour faire des passages d'escalade de bloc de niveau 6. De retour de l'école, nous oublions souvent les clefs de la maison et nous passons par la fenêtre. Ma mère reçoit des coups de téléphone des voisins pour la prévenir d'un cambriolage.

Je suis amoureux de Régine, la fille de la secrétaire de ma mère. On nous empêche de nous voir pour des raisons de classe sociale. Je ne comprends pas cette rupture imposée de mon amour de jeunesse. Je suis en grande souffrance, je veux en finir, et les cordelettes sur lesquelles je grimpe sur le portique de notre jardin se rapprochent dangereusement de mon cou. L'envie de grimper me raccroche à la vie.

Nos semaines sont bien réglées ; école toute la semaine, mardi soir le film des « Dossiers de l'écran » à la télé, un cinéma parfois le mercredi. Jeudi soir : réunion politique à la cellule locale du Parti socialiste unifié. À la cave, la ronéo imprime les tracts et les affiches – je sens encore cette odeur de l'engagement caché. Parfois nous allons aux manifestations de Lip, je suis fier sur les épaules de mon père, un des seuls cadres de l'IGN qui manifeste. La vie est au bout du poing. À l'école je critique la démocratie athénienne qui n'a pas intégré les femmes et les esclaves. La maîtresse trouve ma position exagérée et me met une note moyenne, je suis choqué. Pour avoir une bonne note, il ne faut pas seulement apprendre, il faut répondre à l'attente du professeur.

Le vendredi, c'est le jour où mon père fait les courses pour la semaine, sa participation aux tâches ménagères a vite été une condition pour que ma mère ne divorce pas. Samedi c'est le tennis. Dimanche, l'escalade à Bleau. Mes parents sont très assidus ; l'escalade est indissociable de leurs vies. Pourquoi arrêter une pratique qui aide à mieux se connaître et se faire plaisir ? Ils aiment leur travail, mais c'est pour gagner assez d'argent et profiter de leur temps libre, de la nature, des amis et de leurs passions : kayak, ski de randonnée, ski de piste, montagne, et la sortie dominicale d'escalade à Bleau. Un creux de rocher fait office de couffin. Le sable de Bleau met du croustillant dans mon pique-nique.

Nous grimpons à Fontainebleau comme certains vont à la messe. Bleau c'est le paradis des blocs de grès avec du sable à leur pied. La roche a du grain et des lichens, la forêt est étrange avec ses fougères et ses bouleaux, j'aime l'odeur des champignons et de la résine de pin : le pof. Nous partons avec plusieurs familles et les amis d'amis. Tous téléphonent à mon père le dimanche matin, Jacques décide du lieu en fonction de la météo, de la saison, du style des familles, de la présence de jeunes enfants ou de débutants. Avec toutes ces données il propose un compromis. Il a le choix entre une bonne dizaine de lieux évocateurs, le Cul de Chien, la Roche aux Sabots, la Canche aux Merciers... Mon père grimpe parce qu'il en a besoin. Il devient irascible s'il n'a pas sa dose d'escalade par semaine. Il est drogué. Mon père ne grimpe pas pour la difficulté, il n'a plus rien à se prouver ; plus jeune, il a accompli des courses très difficiles à Chamonix et dans les Dolomites. Il se consacre à partager sa passion de l'escalade, d'abord avec Hélène, puis avec moi, mon frère et ma sœur Séverine, avec des familles amies, avec ceux qui viennent une fois comme aux plus réguliers d'entre nous. Le partage est son sommet. C'est l'escalade famille.

Nous, les enfants jusqu'à l'âge de 10 ans, nous aimons beaucoup jouer aux billes et dévaler les pentes de sable en roulant. Nous sommes un groupe d'enfants qui grimpent aussi sur les petits blocs, mais mon père veut sa tranquillité pour grimper et ne pas avoir à nous surveiller, alors il y a une règle pour laquelle il est intransigeant : en haut des rochers la consigne est « Ne pas courir, ne pas se pousser, ne pas faire le pitre ». Moi j'aime bien faire le pitre mais je me retiens. Parfois, j'aimerais rester toute la journée devant la télé ou aller voir mes copains de l'école. Je n'ai pas le choix, mes parents nous imposent la sortie escalade. Mais à Bleau l'ambiance est tellement belle que j'ai des mini-dépressions au retour à la maison le dimanche soir. Je pleure, je souhaite la fièvre du lundi matin pour sécher l'école.

Je me souviens des parties de rigolade, des kilos de bisous, des chansons et de la guitare, et des vacances – la vie dans la nature sous la tente, le feu tous les jours pour se chauffer, cuisiner, se retrouver, rêver, chanter. Nos parents nous apprennent la sobriété. L'eau et la nourriture sont précieuses, le partage des denrées est très réglementé. J'ai vécu mon enfance au paradis, en pleine nature, entouré d'amour.

L'escalade est le support d'un enseignement et de règles bien précises. Jacques est un polytechnicien, il nous demande de déchiffrer le rocher puis « de faire son film dans sa tête », c'est-à-dire de projeter mentalement nos mouvements sur le bloc avant de le grimper. La paroi est un écran pour notre imagination gestuelle. Une fois partis, on doit tout donner. Nous sommes parfois jusqu'à dix à essayer le même bloc, nous n'avons droit qu'à un seul essai avant de laisser la place au suivant. Je me donne à fond.

Mon père ne nous dit pas comment faire, il précise nos gestes et encourage nos solutions gestuelles. Au pied du bloc, sur un tapis-brosse, nous nous essuyons proprement les pieds pour ne pas abîmer le rocher et être sûrs qu'aucun grain de sable ne pourra nous faire glisser. On fait chauffer la gomme, on choisit ses placements de pieds en fonction de la prise ; en pointe, en carre interne, en carre externe, en adhérence, et surtout on doit pousser sur les pieds. Nous devons acquérir de la conscience pour avoir plus confiance. La prise, la pose du pied et la poussée sont en relation. Maman qui accompagne les accouchements nous encourage : « Allez, poussez, allez, poussez madame ! » Pour moi, c'est comme si chaque mouvement devenait une naissance.

Il n'y a pas de tapis de réception et nous apprenons à nous parer car une entorse à la cheville est vite arrivée. Le risque est dans chaque mouvement. On rencontre des anciens qui nous apprennent que le tassement de vertèbres vient des chutes à répétition : 20 chutes multipliées par 30 sorties par an pendant trente ans, ce sont des dizaines de milliers de chutes, c'est trop pour le corps. On veut grimper longtemps, alors on tend les mains vers le ciel, prêts à recevoir une paire de fesses (et non la taille du grimpeur). Le pareur ne cherche pas à arrêter le grimpeur qui tombe mais à l'accompagner au sol. Le pareur est un ralentisseur de gravité. Quand les blocs sont très hauts, être pareur c'est beaucoup d'engagement. Tomber c'est prendre le risque de faire mal à soi-même et au pareur. Alors, nous faisons tout pour ne pas tomber, je développe une énergie vitale.

Lorsque j'ai 10 ans et mon frère 8 ans, nous sommes les seuls enfants à grimper régulièrement en bloc à Bleau. Il y a des circuits tracés et balisés mais ils ne sont pas adaptés à notre taille. Ce n'est pas si simple pour notre père de trouver des passages pour nos petites tailles, il doit s'accroupir pour imaginer des blocs pour nous.

Un jour, notre père prend un pot de peinture blanche et un gros pinceau, et nous allons au massif du 91,1 ouvrir le premier circuit pour enfants. C'est très excitant pour mon frère et moi de rechercher des rochers et des passages qui correspondent à notre petite taille. Il faut les assembler les uns avec les autres tel un puzzle pour en faire un circuit. Nous sommes comme des explorateurs, des chercheurs de blocs. Dans cette dynamique de découverte s'est créée une forte relation avec Marc et notre père.

À l'âge de 14 ans, une envie irrésistible me pousse à grimper en tête. Tant que je n'aurai pas goûté à cette escalade, je ne serai pas un vrai grimpeur car je resterai dépendant de mes parents. Lorsqu'il s'agit d'aller de l'avant, mes parents sont très prudents, trop pour ce qui bouillonne en moi. Après de nombreux débats, une longue préparation et beaucoup de précaution, je gravis en tête la voie du *Grand-père des varappeurs* à Cormot. L'angoisse de mes parents est grande, ma mère reste au pied pour m'assurer la corde autour de la taille, mon père m'attend en haut. Je suis longé sur une corde fixée en haut et en bas, ce qui aurait été très grave en cas de chute : la surprudence a généré du danger.

Un jour de pluie à Surgy, on patiente au café avec les amis jusque vers 16 heures, quand la pluie cesse. La paroi est encore humide, mais mes parents ont soif de grimper. Ils font cordée ensemble, mon frère et moi faisons une autre cordée. Mes parents ne me laissent pas le choix, c'est à moi de grimper en tête, il est trop jeune. Nous allons dans *La noctambule* avec un pas de 5. J'ai beaucoup de mal car j'ai deux points de suture à un pied après m'être blessé en planche à voile. Je porte une grosse chaussure de montagne à mon pied blessé et un chausson d'escalade à l'autre. Je tombe, j'essaie de grimper plus à gauche pour rejoindre une ligne plus facile. Je tombe de nouveau, j'ai le moral à zéro, je me mets à pleurer. Je me calme et finis par réussir le passage, cette fois sans difficulté. Grimper avec deux points de suture et un pied enflé sur du rocher humide ! Mes parents ne se sont pas posé la question, pas plus que moi.

Nos baudriers sont en sangles cousues par mon père. Les baudriers d'enfant n'existent pas. Pour assurer le premier de cordée, nous avons la corde en double sans gants autour du corps, je suis très impressionné quand j'assure mon père ou ma mère ou que mon frère m'assure dans une voie limite. Je tiens la vie de mes parents entre mes mains, on se tient en vie. Cette pression me plombe parfois.

Nous grimpons en falaise sur des voies qui existent. Elles semblent avoir toujours été là. Il y a peu d'ouvertures de nouvelles voies. Les points de sécurité sont variés : clous dans les fissures, coins de bois dans des trous, lunules dans le rocher, coinceurs, arbustes. Nous ne sommes jamais sûrs que ces points tiendraient en cas de chute, alors je ne tombe pas, je vise le point de sécurité suivant en donnant toute mon énergie à la réussite du mouvement. Cela m'a forgé le caractère et l'envie de ne jamais lâcher.

*

Aux Dentelles de Montmirail à 15 ans, nous devenons plus forts que nos parents, mon père est heureux de nous voir progresser. Les parents vont pouvoir évoluer avec leurs enfants. Nous serons un stimulant pour eux. Ils acceptent que leurs enfants les fassent grandir. Marc deviendra leur « coach ». À Buoux, mon père fera avec lui son premier 8a, *L'homme programmé*, et ma mère *Doute à goutte,* un 7b+, à l'âge de 50 ans.

À 16 ans à Bleau, une barrière est franchie, celle du 6a et bientôt 6b, c, d, e... Le 7 n'existe pas. Pour la première fois nous allons grimper au Cuvier, le repaire des souvenirs de mon père. Je suis en très bonne condition physique après un match de tennis le matin.

Je me réalise totalement dans le fameux circuit blanc. Je grimpe plusieurs 6, à vue, dont la fameuse dalle *La Marie-Rose*. C'est le prénom de la femme qui est à l'origine de la rencontre entre Hélène et Jacques, mes futurs parents. Grimper ce bloc à vue avec ce nom et son histoire devient mon histoire. Ce bloc nous réunit. Je suis ému.

Dans les Pyrénées, nous faisons nos débuts en montagne avec mes parents, je fais cordée en réversible avec une de leurs amies, Ingrid, qui se pomponne aux relais, je trouve ça surréaliste. Mes parents sont devant, mon père souvent en tête et parfois en réversible avec ma mère. Je reste sur les pas de mes parents mais j'ai la responsabilité de la cordée avec mon frère. C'est beaucoup de pression pour moi ; heureusement, Marc est déjà un bon grimpeur.

Au pic des Sarradets, une face sud de 150 mètres, la voie est AD (assez difficile) à une attitude de 2 741 mètres. C'est la première fois que Marc et moi grimpons en altitude. Au cours de la marche d'approche, la tension monte entre mes parents et Marc. Il doit partir en colonie de vacances avec l'IGN, comme moi à son âge, mais il veut rester grimper avec nous. Il est aussi accro à l'escalade. Il a neigé très tard cette année et la neige est encore dure ce matin. Nous ne sommes pas encordés. Marc s'engage seul sur un névé au pied de la voie et, au beau milieu, il glisse. Nous le regardons prendre de la vitesse. Il réussit à se stopper sur un petit rocher. Nous avons tous eu très très peur. Ce n'est pas bien parti pour une première course mais la belle dalle qui suit nous fait tout oublier. L'escalade purge les tensions.

Le lendemain, nous partons pour le dièdre Valleau au pic d'Espijeols. À 8 heures, on monte au pied du névé, à la base de la paroi. Le temps est incertain. Un montagnard est devant moi. Il fait partie d'une autre cordée. Il est muni d'un marteau-piolet, il me précède dans la neige gelée du névé. Il passe la rimaye et je le suis. Je ne suis pas encordé, je n'ai pas de piolet, je suis le premier de notre groupe. Soudain, le pont de neige se brise sous mes pieds, j'ai le réflexe d'écarter les bras pour tenter de me retenir, une main sur la neige une main sur le rocher. Heureusement, une petite plate-forme m'arrête 4 mètres plus bas. La faille continue sur 20 mètres, de plus en plus étroite. Angoisse des parents et peur très forte pour moi. Nous repartons dans la vallée sans avoir trouvé le départ de la voie. En montagne mes parents sont un peu inconscients alors ils s'imposent d'être prudents.

Ces événements me marquent profondément. J'abandonne la montagne. Elle est trop dangereuse pour moi, elle révèle ma fougue et mon inconscience. Je suis éduqué dans la culture du risque. Mais en montagne je sens la mort trop proche de moi.

En montagne, les puissances de la nature sont incompatibles avec mon énergie débordante.

*

Je fais du toboggan accompagné par notre nounou, que ma mère a recueillie à la maison. Je glisse et cours remonter l'escalier, la spirale s'accélère, j'en veux toujours une dernière, je tombe du haut du toboggan et reste quelques instants, évanoui. J'apprends le vélo, je fonce et je m'enfonce un frein dans le ventre – comme un hara-kiri pour stopper ma vitesse. Je cours dans la rue, une mobylette me renverse, je passe de nouveau quelques minutes dans le coma, aux pieds de ma mère. À l'école, je m'intègre difficilement, les gamins m'emmerdent. Poursuivi pendant une récréation, je me casse le nez contre la tête d'un camarade. Je porte un masque en plâtre pendant un mois, ça ne m'empêche pas de grimper ou de jouer au tennis.

Les grands week-ends, nous ne restons jamais à la maison, nous allons toujours dans la nature – jamais un musée ou un hôtel, parfois un restaurant comme récompense en fin de séjour. Nous partons à plusieurs familles faire du ski de piste. Je veux toujours une dernière descente, une de plus, celle de trop. Deux fois, à 6 ans et 8 ans, je me casse une jambe. Mes parents ne nous limitent pas, je trouve mes limites en me cassant les os.

Un soir au refuge avec Marc, on fait sécher nos chaussettes trop près du poêle et elles brûlent. Le lendemain on repart en montagne avec nos chaussettes trouées. Mon père ne peut pas renoncer à une journée dehors avec de belles descentes à ski en perspective. On a froid aux pieds, on pleure, ce n'est pas son problème. Notre mère intervient, nous redescendons dans la vallée.

Vacances à Belle-Île, farniente, pas de sport c'est rare. Jacques le fait pour Hélène. En plein jour, la foudre tombe près de notre campement. Le champ de blé s'embrase en cinq minutes, ma mère part en voiture avec mon frère et ma sœur, je reste avec mon père pour arracher la tente et prendre quelques affaires. Les flammes se rapprochent, c'est maintenant une pinède qui brûle, les flammes font une dizaine de mètres de haut, je hurle de frayeur, je panique, mon père me gifle, la seule gifle qu'il m'ait donnée de toute ma vie. Je suis calmé et je pars en courant, tirant derrière moi mon kayak bourré d'affaires.

Les kayaks nous les fabriquons en résine et laine de verre, ça gratte beaucoup et longtemps. Nous descendons les rivières de France et d'Espagne. Nous formons une communauté de plusieurs familles et de bateaux. Il y a des rapides avec des rochers et des grosses vagues, des drossages. Avant chaque passage difficile, nous nous arrêtons pour observer le courant et étudier les obstacles. Si on dévie de la trajectoire, on risque de dessaler dans les contre-courants. Seul dans mon kayak j'ai peur, je pisse dans mon slip cela me réchauffe, me donne du courage pour aller plus vite que le courant, rester maître de mon bateau. Nous n'avons pas de combinaisons néoprène, seulement un pull-over en laine toujours mouillé. Un matin, remettre un pull mouillé à même la peau me fait vomir.

Un été, sur une rivière en Espagne, le kayak de mon frère se retourne. Par instants, il parvient à sortir la tête pour aspirer un peu d'air. Mon père court sur les rochers pour le rattraper. On crie mais nos voix se mêlent au son de l'eau. J'apprends à siffler avec les lèvres sans les mains pour que l'on puisse m'entendre de la rive.

Je siffle toujours dans mes spectacles pour communiquer avec les spectateurs.

*

Ma grand-mère me garde parfois à Paris. Je vais dans les musées, je trouve que les femmes nues de Modigliani sont belles même si je suis très jeune. Elle m'emmène voir des films nunuches de Disney alors que je veux aller voir les films d'action de Bruce Lee.

Je lis toutes les BD de *Rahan, Le fils des âges farouches* ; son père lui a légué son collier de vertus : le courage, la ténacité, la sagesse, la loyauté, la générosité. Rahan est curieux, il observe et apprend de la nature puis devient créatif pour résoudre ses problèmes. Je m'identifie à lui, je suis alerte et j'observe toujours mon environnement au cas où. Je mets de côté des objets qui pourraient me servir plus tard : un morceau de bois, une pince à linge... Cette attitude m'habite encore aujourd'hui et me sert en spectacle pour résoudre des difficultés diverses.

Ma mère organise des mercredis après-midi où Marc et moi peignons notre chambre. Pour nos copains c'est inimaginable d'avoir la permission de dessiner sur les murs. Un jour, elle invite quelques copains à peindre une porte de placard, moi j'ai un mur entier. Je peins un lynx qui nous regarde, j'aime son élégance sauvage, à côté de lui il y a un bel arbre noir bordé de neige. Mon arbre continue son ramage au plafond et mes parents ne disent rien, je n'ai pas de limites. Le plafond devient mon espace d'expression. J'y colle des affiches, je le peins. C'est toujours important pour moi aujourd'hui, je révèle le plafond des théâtres, le plafond est une surface oubliée. J'aperçois des détails incongrus chez le dentiste et l'ostéo.

Plus tard, je choisis un imprimé à mettre sur le mur, un dessin de guerre en noir et blanc qui recouvre entièrement le mur de ma chambre, il y a écrit en grand « WHY », un enfant de ma taille court vers moi, les bras levés au ciel. Il vient d'échapper à la mort, ses parents sont au sol, il est terrorisé mais il crie sa nouvelle naissance. Je m'identifie à lui.

À l'école, pendant un cours de français, il faut partir d'une tache d'encre pour raconter une histoire. Je vois une perruque, j'invente l'histoire d'une personne qui se suicide en sautant du toi; le lendemain, un inspecteur voit atterrir une touffe de cheveux car «Pétrole Hahn ralentit la chute des cheveux !» La prof de français envoie mon texte à cette société qui répond qu'elle connaît déjà l'histoire.

Notre cave est devenue un laboratoire photographique en noir et blanc, on tire nos photos. J'adore les négatifs, les blancs sont noirs et les noirs sont blancs. Et si on inversait les couleurs du monde ? Je fais des expériences au crayon noir qui mêlent photos et dessins.

Je vais au cinéma toutes les semaines, au ciné-club, j'y vais seul en marchant, peu importe la météo, je suis attiré par l'art. *La Flûte enchantée* et la puissance mystérieuse de la Reine de la nuit ou la mort de Molière accompagnée par le *Cold Song* de Purcell dans le film de Mnouchkine me bouleversent. Parfois, au cinéma, je me cache les yeux quand les atrocités que commettent les humains deviennent insupportables. Je me cache toujours les yeux devant certains films. Je ne peux toujours pas voir de films trop violents, les batailles me fatiguent. Je n'aime pas me nourrir de cette violence.

J'écoute des disques de chants révolutionnaires. L'été, pendant nos campements, nous chantons tous ensemble : Brassens, Moustaki ; je ne chante pas bien et on me le répète. J'ai les cheveux longs comme le chanteur Antoine. Mon complexe vocal commence ici.

J'essaye la guitare, mais il faut apprendre le solfège et ça, vraiment, je ne le peux pas, c'est trop scolaire. Sur le piano de mes parents, je déchiffre et apprends par cœur la sonate *Au clair de lune* de Beethoven pour attirer chez moi Isabelle, une camarade de classe qui aime la musique classique.

Ma mère a beaucoup d'amies, peintres ou écrivaines, comme Marie Allain. Je découvre qu'il y a dans ce monde des personnes vivantes qui sont des artistes. Je suis impressionné.

Au collège, je fais une rencontre décisive avec un professeur de dessin, Claude Albarède, qui me révèle face à la page blanche. C'est un poète. J'ai du mal à déclencher mon processus de création, Claude me laisse me promener dans la classe, les élèves ne sont pas contents car ils pensent que je les copie, en fait je regarde ce que font les autres et cela m'aide à mieux me définir, mes camarades de classe m'appellent « le touriste ». Ce professeur m'apprend aussi que je peux commencer avec juste un point sur la feuille blanche, poursuivre avec un deuxième point puis un troisième, et qu'une histoire peut s'inventer, de point en point. Mes parents l'invitent à dîner et je suis attiré par son excentricité. Il laisse vivre en lui son petit grain de folie. Je suis fasciné. Il m'offre un livre de ses poésies *Lampe habillée d'autrui*, je suis honoré.

Pendant un mois, je ne dessine que des chemins, puis je réalise des projets pour peindre le préau du collège, puis les placards de la salle d'attente de ma mère qui est devenue ma chambre quand elle a déménagé son cabinet. Un peu plus tard, je peins entièrement la 2CV de mes parents avec des restes de pots de peinture, j'expérimente les dégoulinures. Ils finiront par me donner la voiture à ma majorité.

*

À 16 ans, je vois dans un magazine d'escalade des photos de Jean-Claude Droyer dans *Right wall* au Pays de Galles. Je ressens comme un appel de cette voie. Y aller devient une nécessité vitale. J'en parle à mes parents, ils sont d'accord, ils me trouvent une famille d'accueil et me donnent un peu d'argent. J'ai une première pulsion de quitter le clan familial.

Cet été-là, je pars seul en stop au Pays de Galles avec mon baudrier et mes chaussons. Je veux suivre les injonctions de Jean-Claude Droyer, je pense qu'il les a écrites pour moi : « L'amertume mal dominée de quelques virtuoses vieillissants ne pourra empêcher les progrès ultérieurs, et les jeunes continueront à appliquer leur technique et leur audace à un style plus raffiné et plus exigeant : l'escalade libre. »

Après deux jours de stop me voilà enfin devant la cabane de Geraldine, une amie de mes parents. Elle est située dans une vallée encaissée, à l'écart de la route mais près d'une falaise. On peut voir le mur depuis un virage. Un marchand ambulant s'y est installé, des touristes (genre *Fluide Glacial*) s'arrêtent prendre une photo et repartent avec une glace. Durant mon séjour, une phrase tourbillonne dans ma tête : « Un homme, une paroi, une voie, Jean-Claude Droyer dans *Right wall.* » Droyer est le prophète qui a posé les règles de l'escalade libre. Je visualise la paroi, je sens la voie, je suis Antoine Le Menestrel dans *Right wall.*

C'est le premier matin. Je suis seul à prendre mon petit-déjeuner dans la maison des grimpeurs car Geraldine et ses enfants sont partis pour le week-end. Le temps semble se maintenir au beau. Je cherche un ou des grimpeurs. J'intercepte des campeurs ou des gens à l'allure de grimpeur, en vain. Personne ne semble disposé à grimper avec moi. Certains rigolent même de moi ; c'est dur mais je sens que je pourrais leur montrer ce que je sais faire.

Personne sur la falaise. Je m'entraîne sur des blocs mais je les connais vite par cœur. Vers midi une cordée arrive, m'accepte, mais se présente au pied d'une classique de près de 90 mètres – pas terrible avec une corde simple de 40 mètres pour trois. Je retourne à mes blocs et, en fin d'après-midi, je prends mon bout de 20 mètres et vais gravir *Extreme river* en solo auto-assuré. Je découvre l'escalade sur coinceurs seul, en grimpant parfois près de ma limite. Je n'ai pas peur car je suis un peu inconscient.

Les jours passent, mon moral décline. Je n'ai pas fait une seule voie marquante, j'ai l'impression de ne pas grimper. Un matin, je me lève tôt. Vite préparé, je cours à la route faire du stop. Je sens que le grand jour est arrivé, il fait beau et je suis en forme. Arrivé au pied de la falaise de Llamberis Pass, je vois trois grimpeurs qui attaquent la marche d'approche. Ils acceptent que je me joigne à eux. Enfin, je vais grimper dans le Dinas Cromlech, près de *Right wall.* Au pied de la falaise, nous sommes dominés par deux grands murs en forme de livre ouvert. Ils sont imposants mais je me sens attiré par leur beauté et leur réputation. On aperçoit des prises soulignées de magnésie. Paul, qui a fait toutes les voies, ne veut grimper qu'en second : c'est le compagnon de cordée idéal. Il n'a pas besoin de topo et me propose de tenter *Left wall*, un superbe mur coupé de bas en haut par une fissure. Après quelques hésitations je me décide. Je m'élance avec une bonne tripotée de coinceurs, les quelques pas d'appréhension du départ sont vite passés tant je suis absorbé. L'escalade est un peu trop athlétique pour moi, je ne traîne pas mais je place de bonnes protections. Je choisis la sortie directe très élégante, ce qui impressionne Paul. Ensuite nous enchaînons trois voies, la superbe *Cemetery gates,* l'imposant dièdre *Cenotaph corner* et, en fin de soirée, *Memory lane.* Le soir, nous fêtons cette journée bien remplie autour d'un verre au *Pean Eat.* Je réalise que Paul connaît tous les grimpeurs. Nous décidons que demain je tenterai *Right wall.* La cotation de cette voie est de E5 6a : E5 cote l'engagement avec des chutes au sol possibles et des protections difficiles à poser, 6a cote la difficulté des mouvements et correspond à un 6c français. C'est mon niveau maximum à l'époque.

Le lendemain, Paul arrive comme prévu à 17 heures. En marchant vers la falaise, il se retourne vers moi toutes les deux minutes :

– C'est OK ?

J'essaie de me concentrer, je réponds juste « OK ». Paul se révèle être plutôt un coach qu'un compagnon de cordée. *Right wall* est une des voies dures d'Angleterre, un mur sans fissure d'une grande pureté verticale, j'ai le désir de le réaliser comme le Maître, entièrement assuré sur coinceurs. Il faut les bloquer dans des trous, parfois dans les prises que nous utilisons pour la progression. Les envolées entre les points d'assurage sont impressionnantes mais l'appel est irrésistible. Au pied de la paroi, l'appréhension me liquéfie, et mes quatre extrémités en contact avec la pierre s'enfoncent dans le rocher. C'est parti.

Du bas, Paul m'indique les coinceurs adaptés à chaque pose. Je place de bons coinceurs jumelés puis une sangle sur un béquet. J'accroche trois gros coinceurs à la sangle pour l'alourdir afin qu'elle ne s'envole pas en cas de chute. Il y a une protection tous les 5 mètres environ. Je m'élève sans ressentir l'exposition et le vide. Je grimpe vite, avant chaque passage je ne cherche pas à anticiper les mouvements, je prends le temps d'un petit coup d'œil et j'y vais dans l'élan. Si je dois redescendre ou chercher, je vais me crever et je pourrais tomber. Arrivé à la deuxième vire je m'assois, je place quatre coinceurs dont trois inarrachables car ce qui suit est exposé, peut-être 9 ou 10 mètres sans point d'assurance. Le passage n'a pas l'air facile. Les sentences effrayantes du maître Droyer jaillissent dans mon esprit : « Le bac en inversé, quelques grosses prises, une extension et de meilleures prises. » Je suis impressionné. J'échange quelques mots avec Paul, lui dis que je me repose car mes avant-bras commencent à se faire sentir et je veux finir bien. Je repars, passe la niche qui n'est pas extrême, puis la fissure terminale.

Je suis en haut de *Right wall,* très content mais un peu déçu. J'avais rêvé que ce serait plus dur encore et que j'allais me battre. Je sens que je peux faire encore plus. Je n'ai pas la satisfaction que j'avais imaginée. J'ai réalisé mon rêve, je suis heureux.

De ce jour, Paul me présente aux autres grimpeurs en posant sa main sur mon épaule : « Hey ! *Right wall,* pfff... » Et il mimait l'ascension rapide et fluide.

*

Aujourd'hui, le rendez-vous avec Paul est à midi au *Pean Eat*. Nous partons pour une nouvelle falaise, plus en montagne celle-là, et il faut marcher une heure. Nous sommes les seuls grimpeurs. C'est une falaise peu fréquentée, car il y a parfois de la neige l'hiver, et l'été le rocher met trois à quatre jours à sécher après la pluie. Nous commençons par une superbe voie très aérienne. Quel plaisir de grimper sans trouver chaque prise pleine de magnésie. Puis nous allons tenter *Puss 'n boots*, une voie qui me faisait envie car c'est par là qu'on descend en rappel. Elle n'est pas dure techniquement mais il y a un passage très athlétique, une fissure verticale coupée par des surplombs. Horrible. Mes bras sont constamment prêts à lâcher, mes pieds ne tiennent plus, je lance désespérément mes mains sur chaque prise. Je souffle comme un bœuf, je suis limite. Trop crevé. C'est la première fois que la chute est aussi proche, mais je tiens. En haut j'ai honte de m'être lancé trop fatigué dans cette voie mais fier d'avoir réussi à ne pas tomber.

J'écris une lettre à mes parents : « Je n'ai pas encore trouvé ma limite et je la cherche ». La nuit, je fais un cauchemar dans lequel je tombe. Peut-être à cause de ma réflexion sur la limite. La chute sera-t-elle la fin de ma progression ?

Le lendemain, il pleut. Nous décidons d'aller grimper à Tremadoc – « là-bas il ne pleut jamais ». Paul ne veut pas venir, je pars donc avec ses copains rencontrés au *Pean Eat.* Mon compagnon de cordée propose d'aller faire une nouvelle voie, *Finger licker*. Je me sens fatigué mais je me lance, sans réaliser que la fissure surplombe. Je me retrouve 4 mètres au-dessus du friend, incapable de me bloquer sur une main pour placer un coinceur. Impossible de redescendre, je dois très vite décider. La solution se trouve 2 mètres plus haut mais je suis trop fatigué et je lâche. C'est long, 10 mètres de chute, très long, surtout quand on arrive la tête la première sur une dalle. Mon bras heurte le rocher et je me retrouve assis dans un buisson à 2 mètres du sol. Sous le choc, je hurle de douleur, aussitôt envahi par la peur de ne plus jamais pouvoir grimper. Je hurle à la vue de ma blessure. Mon pouce est disloqué, ça saigne. Je descends le pierrier, je saigne, je hurle toujours. Puis, d'un coup, je me calme, je me suis dominé cela n'a duré que deux minutes.

Je suis envoyé directement à l'hôpital. La radio montre l'index cassé et le pouce cassé avec une dislocation ouverte. Il est 1 heure du matin lorsque je sors de l'hôpital. Mes copains m'ont attendu et me raccompagnent chez Geraldine. Très inquiète, elle est restée éveillée pour m'attendre. Je ne dors pas de la nuit. Je pensais que je ne pouvais tomber que par manque de technique, il ne m'était jamais venu à l'esprit que je pourrais tomber par manque d'énergie. Sur le topo que je n'avais pas consulté il était écrit que *Finger licker* est très athlétique. J'étais fatigué, Paul n'était pas là, pourquoi ne sommes-nous pas restés ensemble ? Il était mon ange gardien.

Dès le lendemain, je prends le chemin du retour. Pas facile de faire du stop en Angleterre avec le pouce gauche dans un gros capuchon de bandelettes.

Je ne suis pas près d'oublier ce séjour au Pays de Galles ; l'hospitalité, les relations qui s'établissent avec les grimpeurs, les paysages si déserts dès que l'on s'éloigne, les circuits touristiques, les murs de pierre des enclos à moutons le long des sentiers, l'escalade si déroutante surtout au début.

Je retrouve mes parents très anxieux. Je les comprends. J'ai trouvé ma limite dans *Finger licker* et j'ai léché la liqueur de mon doigt.

J'ai découvert après coup que Paul Williams était un grimpeur fameux. Je lui ai écrit pour lui dire que j'avais bien récupéré mon pouce. Il m'a proposé de grimper ensemble à la Sainte-Victoire, mais nous ne nous sommes jamais revus. J'ai appris très tard, en 2014, qu'il s'était tué en solo vingt ans plus tôt. J'aurais aimé le saluer, le remercier de m'avoir permis de réaliser un rêve d'escalade.

*

J'ai 16 ans, sur le chemin du lycée, je longe les murs sales de pollution. J'ai des douleurs intenses et constantes à la tête, je me prends la tête dans les mains, ma mère très inquiète me soumet à une batterie de tests cliniques, en vain.

J'apprends par cœur des poèmes de Rimbaud, Baudelaire, Mallarmé. Je marche dans la rue en récitant ces poèmes qui sont comme des bouées de sauvetage pour ne pas sombrer dans mon mal-être. J'ai une poussée poétique comme une décharge d'hormones. Je n'en comprends pas l'origine. Dans mon for intérieur, je voudrais être un poète mais je trouve cela prétentieux, il m'est impossible de formuler ce rêve à moi-même et encore moins aux autres.

Chaque année depuis l'école primaire, je passe dans les classes suivantes avec juste la moyenne, je suis « médiocre mais avec des possibilités » comme l'écrivent souvent les professeurs. J'ai même des notes en dessous de zéro en orthographe, je suis humilié en pleine classe (je suis resté mauvais en orthographe). Je n'aime pas les examens, je n'ai pas confiance en moi, j'ai les mains moites, mon stylo me glisse des doigts. Mes pages sont imbibées de sueur et parsemées de pattes de mouches.

À la maison après les cours, je passe des heures seul à mon bureau, et j'alterne mes devoirs-calvaires avec mes dessins-libérateurs. Je découvre le surréalisme et surtout Magritte. Je sens que les études pompent mon énergie. Le soir, j'écris parfois des poèmes.

« Dans ma ville, je longe les murs en solitaire. Au pied du mur, des grappes humaines s'attardent sans raison. Elles génèrent en moi un malaise attirant. J'écoute ma souffrance. Le "Chant de la mort" ne parvient pas jusqu'à moi. Une senteur sylvestre pénètre mon corps. En moi un danseur est né.

Seul, je marche sur la plage, en vagues déferlent mes angoisses. L'eau est rouge d'un poète mort et la plage est noir bitume d'un monde agonisant. Pourtant nu, je pénètre dans la mer et l'obscurité des profondeurs ne m'effraie plus. L'eau est chaude comme un corps. Je nage et le rythme de mes membres me permet de mieux adhérer à cette eau maternelle. Je suis transporté au-delà. Je renais. La vie, j'aimerais la tenir dans mes bras, mon corps ne résiste plus, il tremble, peut-être qu'il vibre, du froid, de la peur, de la vie ? Je ne sais pas ! Mais ! Je ne veux pas, je ne veux plus retomber dans cet abîme écorché. Je veux vivre enfin, j'ai faim de vivre, je veux tenir ma vie dans mes bras.

Un regard, je l'imagine, je le cherche, je le perçois, je m'enivre, je m'y attache. Sa profondeur me donne une raison de vivre.

Je suis un simple regard. »

En terminale, je m'intéresse aux expériences des surréalistes, je découvre leurs tableaux. Pendant un cours de biologie sur l'activité cardiaque, je m'essaie à l'écriture automatique :

« C'est Mardi gras, pourquoi me déguiser devant les autres alors que je vis quotidiennement avec un masque ? Pourquoi me déguiser alors que mon état et mon visage changent en présence de chaque nouvelle personne que je rencontre. Je suis sans cesse un autre. Ma personnalité n'est-elle pas la résultante de tous ces changements ? Je suis un être contradictoire et suivant le monde extérieur mon état change ? Qu'est-ce qui me relie aux autres humains ? Pourquoi une liaison entre nous va-t-elle créer une dépendance ? Peut-on être libre dans une relation ?

J'arrête car ce que j'écris est absurde. Mais peut-être j'écris que j'arrête car je ne sais plus quoi écrire. C'est sans fin le texte s'arrête là. Il y a donc une fin ? la mort peut être ? Mais est-ce une fin véritable ? La mort est-elle une fin ? C'est la fin de la page, l'objectif est atteint. »

Je me mets au fond de la classe et je regarde par la fenêtre. Là-bas, derrière le mont, le soleil se maquille. Son teint vif que l'on devine à travers son voile n'éblouit plus le paysage, l'atmosphère est tamisée. Sur une colline je marche et mon passage sur l'herbe couchée répand sur le sol la rosée matinale. Des nuages défilent, et leurs formes excitent mon imagination. Le vent emporte mes soucis et résonne dans ma tête comme le sifflement des marmottes. Ma solitude est subjective, à chaque pas je sens une présence. Au détour de la colline j'entame l'escalade. Le cheminement parcourt une fissure dont les bords arrondis ont été polis par l'eau. Le contact de mes mains, de mes pieds nus avec le rocher m'enivre. Ce toucher ni froid ni rugueux m'invite à caresser les prises avec plus d'intensité. Mon corps peut librement épouser les creux, les bosses, les arrondis. La difficulté rend la progression délicate, je me concentre davantage sur les possibilités qu'offre la roche, sur la position que doit prendre mon corps. L'escalade est fluide, mes membres s'allongent, mon être adhère. J'ai l'impression tragique de ne plus m'élever mais de m'insinuer progressivement dans la profondeur de la faille. Ma respiration, auparavant rapide, se suspend. Je plonge dans l'air, c'est l'extase. L'escalade rêvée.

Je fais un dessin prémonitoire de ma vie : une composition cardinale avec, dans les angles, une main de grimpeur qui peint une montagne, une femme mystérieuse dans une grotte, un grimpeur qui saute dans le vide et se transforme en oiseau.

On me surnomme « Super planos » parce que je ne suis perché, pas présent au monde, souvent décalé. J'essaye d'être présent avec les autres mais je suis habité par trop de pensées, de rêves, de désirs, d'émotions, d'amour. Il y a peu de place pour les autres.

Chapitre 2

LIBRE !

Jean-Claude Droyer est parti faire un tour du monde pour observer et pratiquer les différentes éthiques de l'escalade. Certains grimpent déjà sans utiliser le matériel pour progresser, mais il va plus loin et conceptualise l'escalade libre. Grimper en libre, c'est partir du bas jusqu'en haut de la longueur en utilisant uniquement la paroi minérale. Le matériel corde, baudrier mousquetons, pitons, coinceurs... sert uniquement à sécuriser l'ascension. La descente reste cependant dépendante du matériel. Nous pourrions aussi descendre en désescalade, ne pas utiliser de matériel pour progresser vers le bas, comme le faisait Preuss, et comme je le pratique systématiquement en bloc et tant que je peux en falaise. En effet, il est plus difficile de descendre que de monter. Nous n'avons pas fini de libérer l'escalade. Mais, dans notre civilisation de la croissance, la descente est négligée.

Cette nouvelle éthique est en accord avec l'air du temps, les hippies, Mai 68 et le retour à la nature, l'essor du surf, du kayak, du snow, du parapente. Notre corps est en relation avec les éléments eau, neige, air, rocher. L'escalade libre développe un lien au plus proche de la pierre. L'ère industrielle s'achève, le rapport au métal n'est plus de mode.

Début 1982 à Saffres, la falaise de mes « vieux », nous grimpons en famille. À côté, je vois des grimpeurs dans *Le boulevard à Mathieu,* ils m'invitent à me dépouiller des attributs de l'escalade traditionnelle : j'enlève mon casque. Un grimpeur me donne un sac à magnésie et un baudrier cuissard. Je réalise la voie au troisième essai, après avoir volé pour la première fois sur une corde à simple. La chute fait désormais partie du jeu, ne pas réussir devient source de progression. Je passe mon premier 7a, après n'avoir fait que du 6 qui correspondait à l'« extrêmement difficile ». Faire du 7 c'est entrer dans une nouvelle pratique. C'est mon baptême de l'escalade libre.

Pendant les vacances de Pâques, nous sommes en famille, ma mère, mon père, mon frère, ma sœur, et moi, enfermés dans la grotte des Goudes au cœur des magnifiques calanques de Marseille. Face à la mer, le cadre est splendide mais la scène est dramatique, j'étouffe. Mes parents me mettent la pression. Ils veulent savoir pourquoi je suis si renfermé. Je ne sais pas ce que je vais faire de ma vie, je suis angoissé à l'idée de faire des choix d'études qui vont déterminer ma vie. Je ne sais pas ce qu'est la vie. L'aîné est responsable me répètent mes parents. Je suis le plus âgé des enfants et c'est à moi de trouver des solutions aux conflits.

Je quitte le clan familial et je m'enfuis en stop dans le Verdon où je rencontre Denis Garnier qui vient du Cimaï. Il est passionné d'escalade libre et de son éthique, il me fait découvrir l'ambiance électrique et vertigineuse du vide du Verdon. Je réussis mes premières voies à vue : *Grain de folie*, 6c+ et *Tintin au pays des mauviettes*, 7a.

L'escalade devient ludique et nous sommes jeunes. La règle qui interdit de tirer sur un piton nous rend créatifs. Cette notion de jeu était déjà très présente parmi nous à Bleau. Depuis deux ans, comme j'ai moins de force que les amis avec qui je grimpe, je développe ma créativité gestuelle pour résoudre les énigmes du rocher. Il m'est indispensable de bien lire la partition minérale afin d'accorder mon corps aux prises. Découvrir des mouvements originaux et personnels m'excite. Je m'appuie sur les méthodes des autres grimpeurs. Nous partageons nos mouvements et nous nous apportons mutuellement des solutions. Nous transposons en falaise cette façon de grimper et d'appréhender les gestes par une recherche commune. Suivre cette nouvelle éthique nous motive. Nous participons à l'invention de l'escalade libre. Elle transforme notre manière de penser l'escalade, de nouvelles possibilités de grimpe s'ouvrent. Nous faisons une révolution, nous réinventons l'escalade.

En France, l'escalade libre nous libère du sommet. L'important n'est pas de gagner à tout prix le haut de la falaise, mais d'y arriver sans utiliser les points d'ancrage. Le sommet n'est plus une fin en soi, une belle longueur qui finit au milieu de la falaise nous suffit.

Nous ouvrons les voies d'escalade à partir du sommet. En posant un rappel, nous inventons de nouveaux chemins, inconcevables depuis le bas. L'ouvreur équipe la voie en préparant le rocher à l'escalade, en brossant le lichen, en adoucissant le tranchant des prises, en plaçant le matériel d'assurance aux endroits judicieux pour mousquetonner.

Nous pouvons maintenant explorer de nouveaux profils, des bombés, des dalles, développer notre répertoire gestuel et notre plaisir corporel. Après l'avoir grimpée en libre, nous signons notre œuvre en la nommant et en peignant son nom au pied. Les voies se poétisent : *Fleur de rocaille, Chimpanzodrome, La rose et le vampire*... La couleur est partout, bandeau dans les cheveux, collants fluos...

Avec les nouvelles cordes de Michel Béal, la chute fait partie de notre pratique. On progresse en se confrontant à la difficulté. Avec les chaussons, la précision nous permet de prendre des prises de plus en plus petites. On découpe les coutures des chaussons choisis deux pointures de moins (aujourd'hui je ne comprends pas que des vendeurs proposent encore à des débutants des chaussons trop petits alors que les modèles ont évolué, c'est démotivant). Les baudriers cuissards nous permettent une plus grande liberté de mouvements, le casque ne sert plus car nous évoluons dans un univers où les dangers extérieurs sont moins nombreux.

Notre vocabulaire gestuel s'enrichit. Le plafond du 6 explose et les cotations se libèrent vers le haut. Les blocs de Fontainebleau et les falaises ne sont plus des lieux d'entraînement pour la montagne, mais affirment leur spécificité et deviennent une pratique à part entière qui se démocratise. Le parrainage d'un grimpeur n'est plus une étape obligée pour les néophytes. Les institutions bougent, la Fédération française d'escalade est créée en 1985.

Les enfants du libre vont bientôt apparaître : les compétitions d'escalade de difficulté, puis de bloc, et enfin de vitesse ; les murs artificiels d'escalade ; les métiers d'ouvreur de voie sur mur, de formateur, d'entraîneur, de cordiste ; la danse-escalade, la danse verticale, l'escalade-arbres...

Nous faisons partie des grimpeurs qui contribuent à cette évolution, on en discute, on en rêve, on agit. J'ai une vision absolutiste de notre nouvelle éthique, je pense qu'elle est la meilleure façon de grimper. J'ai pratiqué l'escalade avec l'éthique allemande et l'anglo-saxonne qui interdisent de travailler les mouvements sur la corde. Pour réaliser une voie difficile, ces éthiques sont peu techniques et plus laborieuses que l'éthique française qui permet de trouver et d'affiner le mouvement de moindre effort. Je vis des moments d'échanges intenses avec les Anglais et les Allemands. Dans chaque pays, je me sens comme un missionnaire de cette nouvelle éthique de l'escalade libre. Elle se mondialise, l'éthique s'uniformise, nous perdons en diversité.

Grimper en libre c'est inventer sa signature de grimpeur. Cet élan créatif que nous avons vécu est toujours en moi, je réinvente sans cesse ma pratique : danse-escalade, escalade libérée, désescalade, escalade sur cascade de glace sans frapper la glace avec des piolets et crampons. Il reste tant à inventer.

*

À 17 ans, je me retrouve un bac maths et sciences de la nature mention passable, comme toujours. Je descends dans le Sud rejoindre Laurent Jacob, Jean-Baptiste Tribout dit JB et Fabrice Guillot pour l'été. Nous sommes tous de la région parisienne, nous nous sommes rencontrés à Bleau. JB, Laurent et Fabrice sont un peu plus âgés et grimpent déjà ensemble. Nous sommes étudiants et contents de nous retrouver à Mouriès, dans le massif des Alpilles, pour vivre une autre aventure d'escalade en falaise.

Mouriès est une nouvelle falaise entièrement dédiée à l'escalade libre, il n'y a pas de pitons. Je suis au paradis, il y a de belles voies partout et le style « à pied » me convient bien. JB aime grimper beaucoup, sa motivation est intarissable et on s'accorde. C'est Laurent Jacob qui ouvre et réalise les premières ascensions de ses nouvelles lignes. Il partage sa passion de l'ouverture et nous invite à grimper ses voies, comme si son idéal était d'offrir son œuvre à la communauté des grimpeurs.

Nous faisons les courses une seule fois par semaine afin d'avoir le plus de temps possible pour grimper. Laurent a une telle cage thoracique qu'il peut cacher sur son ventre des petits plaisirs comme des tablettes de chocolat, du vin, ou du saumon qui récompenseront nos réalisations.

Cet été-là, je fais une quarantaine de voies de niveau 7 entre Mouriès, Buoux et le Verdon. Nous campons au pied des falaises, je suis surnommé « La Duchesse » parce que je pète ostensiblement, même en mangeant. Je n'arrive pas à me retenir, je dis que c'est mon turbo ascendant. Je réalise plusieurs 7a à vue comme *Un après-midi de chien,* et je fais mes premiers 7b après travail : *Un monde si noir, Défi génétique.* J'ouvre ma première voie *Tangente à l'absurde*, 7b ; c'est une traversée et la seule dans la falaise.

La bande des Parisiens est formée de Laurent Jacob, Jean-Baptiste Tribout, Marc Le Menestrel, David Chambre, Fabrice Guillot, Alain Ghersen, Frank Scherrer, Laurent Darlot. Mais aussi de beaucoup de grimpeurs occasionnels comme notre sœur Séverine, Claire Plurien, Catherine Destivelle, Corinne Labrune, Nathalie Tedesco, notre cousin Cyril Le Menestrel, Stan et Nicolas Richard.

À Bleau comme en falaise, les maestros grimpaient en silence, dans une ambiance presque religieuse. Dans notre bande, on s'encourage par la voix, parfois bruyamment, c'est devenu un atout pour dépasser nos limites. Nous crions pour noyer nos doutes. Nous sommes les seuls grimpeurs à le faire et cela soude notre groupe. Nous nous observons entre grimpeurs, nous échangeons des conseils au pied des voies. La proximité physique et fraternelle des membres de la bande nous aide à nous donner à fond. Les encouragements nous portent comme une bulle qui s'élève. La bande des Parisiens devient le gang des Parisiens. Nous sommes en décalage avec les autres grimpeurs.

Nous sommes à l'affût de lignes toujours plus difficiles, plus extrêmes, la cotation 7 vient tout juste d'arriver en France. Nous sommes plusieurs à pouvoir réaliser les mêmes voies, à discuter de l'écart entre un 6c et un 7a, un 7a et un 7b... Des cotations intermédiaires apparaissent comme le 7a+. La puissance du groupe nous permet d'étalonner les cotations. Nous ne le prenons pas à la légère. À Buoux ou Mouriès, les cotations se stabilisent par consensus entre les grimpeurs. Elles deviennent référentes.

Les cotations nous passionnent. Elles peuvent être un but, une barrière à franchir, un déclencheur d'énergie, une façon de se comparer aux autres. Dans la bande, l'esprit compétitif existe mais le sentiment d'émulation est alors bien plus fort. L'esprit de compétition c'est vouloir être meilleur que l'autre, l'émulation c'est quand l'autre aide à être meilleur.

Les cotations peuvent changer selon les pays ou au sein même d'une falaise. Pourquoi cote-t-on une voie et qu'est-ce que l'on cote ? L'engagement ? La prise de risque ? La difficulté intrinsèque d'un mouvement ? La difficulté globale de la voie ? La complexité des mouvements ? Quel sens donne-t-on à la cotation ? Est-ce un niveau pour comparer les voies entre elles ? Les grimpeurs entre eux ? On voudrait en faire une mesure figée, comme si on pouvait mesurer le temps ou la distance. Mais une voie vit avec l'usure des prises, leur fragilité, les conditions climatiques, le changement de style des grimpeurs au cours du temps, l'engagement, la morphologie du grimpeur. Il faut donc relativiser. Subjectives, les cotations sont source de discussion, vecteur de relations sociales. La cotation c'est un lien avec l'autre.

Il y a des cotations pour exister. Dans les années 1980, on cherche à ouvrir des voies avec des cotations nouvelles comme *Le bidule* (8a+), *La rage de vivre*, *Silence vertical* (8b+), *Ravage* (8c). Je décote parfois des voies, c'est une façon de m'affirmer. Je ne supporte pas que l'on diminue la cotation de ma voie.

Les cotations peuvent être un objectif : avec JB Tribout nous sommes allés répéter les voies les plus difficiles, en France, en Allemagne, en Angleterre, en Suisse. Il y a des cotations touristiques, les falaises seront plus fréquentées pour les vacances si les grimpeurs y franchissent un niveau.

Il y a des cotations machistes : des voies sont décotées quand elles sont réalisées par une femme comme *Fleurs de rocaille* à Mouriès par Catherine Destivelle. Je trouve cela injuste. Les grimpeuses font du bien dans ce monde d'hommes. Catherine est une star qui a de l'attention pour les autres.

Il y a des cotations qui s'inventent comme le 8b+/8c de la voie *Ravage* en Suisse initialement cotée 8c que j'ouvre en juillet 1986 ; des cotations médiatiques : Patrick Edlinger en 1982 cote *Viol de corbeau* 8a, Laurent décote 7b+ ; Patrick cote *Fenrir* 8b, je décote à 7c+ en réalisant la seconde ascension.

Il y a des cotations qui attendent longtemps leur confirmation comme *Il mattino dei maghi*, 8a, ouverte par Manolo Zanolla en 1981 et répétée pour la première fois par lui-même trente-cinq ans après ; ou *Akira*, proposée en 9b par Fred Rouhling en 1995, répétée en 2020 par Seb Bouin qui la cote 9a+.

Il y a des cotations qui changent car des prises évoluent à cause du vandalisme comme dans *You are what you is* au Saussois ou sur certains blocs de Bleau comme *Karma*.

La cotation est source de polémique lorsqu'il s'agit d'une première. La décence ou le devoir de mémoire voudrait que l'on attribue à plusieurs grimpeurs le premier 8a français. Mais notre mythologie conquérante rejette le collectif, il faut toujours un premier. Comme il est difficile de le savoir, il est plus sain de dire que le premier 8a français est l'œuvre d'un collectif de grimpeurs composé de Patrick Edlinger, Marc Le Menestrel, Fabrice Guillot, Jean-Baptiste Tribout et Jean-Pierre Bouvier dit « La Mouche ».

Aujourd'hui, je ne grimpe pas une cotation, je grimpe une voie.

*

La période des révisions est un calvaire. C'est l'heure de Rolland Garros. Maman peut reporter le rendez-vous d'une patiente pour ne pas rater un match de tennis. On partage des moments de complicité devant la télévision pendant les pauses entre ses consultations médicales.

Je suis étudiant en biochimie à Pierre et Marie Curie. J'étudie la tectonique des plaques, la géologie et la formation des roches, et la contraction musculaire, la respiration, la digestion, la reproduction. J'apprends à me connaître biologiquement et chimiquement. Cette connaissance me passionne mais je suis incapable de suivre les méthodes d'apprentissage, je me sens limité face aux raisonnements intellectuels, mon cerveau n'est pas fait pour cela. J'étudie en faculté mais je n'ai pas les facultés. J'étudie parce que je n'arrive pas à dire à mes parents que je voudrais devenir un artiste. Pour eux, il faut trouver un travail qui me donne du temps pour m'épanouir à côté. Ils ont tous deux fait des études de médecine et d'ingénieur. Je n'ai pas l'impression de faire des études pour le plaisir d'apprendre mais pour réussir mes examens. Je me pose des questions : suis-je sur terre pour apprendre ou pour vivre ? Je ne veux pas faire carrière et creuser la tombe de ma vie. Je ne veux pas réussir ma vie, je veux vivre mon rêve. Si j'arrête les études, je pourrai enfin faire tout ce que dont j'ai envie. Grimper pour le plaisir, pour rechercher un bien-être, pour me surpasser.

Je suis « réservé ». Mon désir poétique est enfoui, l'escalade sportive doit purger mon mal-être. Je cherche mon intégrité, je veux être au plus proche de ce que je ressens. Ce décalage me fait souffrir et je transforme cette énergie dépressive en rage de grimper.

On me propose d'être entraîneur pour l'équipe de Lyon puis dans la future équipe de France, et d'être sponsorisé par Adidas. Je leur réponds spectacles. On n'est pas sur la même longueur d'onde. Je devrais parler à mes parents, expliquer ma façon de voir la vie, dire que je suis partagé entre la sécurité des études, l'équilibre psychologique (même fictif) d'une vie en accord avec eux et le temps que je veux consacrer à l'escalade, à l'art, à mon épanouissement.

Je sens que ma vie bouillonne, j'attends le moment de l'explosion. Je me sens faible de ne pas assumer mes pulsions artistiques. La société demande des hommes forts. Pourquoi ai-je craqué quatre fois chez mes parents au moment de parler des choix pour ma vie future ? Que dois-je faire de ma vie ? Poursuivre la fac de biochimie ou arrêter ? Certains soirs, j'ai l'impression de me sentir vivre, plein d'aspirations, d'envies d'escalade artistique. J'ai assez d'idées de spectacles pour arrêter mes études. Est-ce le bon le moment ? Faut-il attendre encore un an ? J'imagine une chorégraphie qui partirait du fœtus jusqu'à l'éclatement du corps dans l'espace, la vie et ses soubresauts, des coups de poing dans le vide. Le spectacle est comme une autre vie. Une vie avec les spectateurs. Je n'ai jamais eu autant envie de vivre que ces derniers temps. Je veux vivre pleinement, suivant mes aspirations et mes inspirations. L'art se rapproche. Je me sens avide de sensations, d'émotions, de désirs, d'amour, de femme, avide de vie.

Je révise mon examen adossé à ma chaise, un poignard planté dans le bas des reins, je me sens vieux. Mes épaules me tombent dans le dos. Dans ma tête, le poète sans espoir crie. Il est enseveli sous des vagues de formules scientifiques scabreuses, déchiré par des spasmes impulsifs qui se brisent sur les rivages de ma conscience, comme mon corps aux quatre coins de la chambre.

Le poète attend. Il attend la marée descendante pour jaillir de l'écume.

L'atmosphère est enfumée de chiffres et de lettres. Les cigarettes écrasées dessèchent mes narines, mes yeux brûlent, ma tête bourdonne. Je stresse. Mes jambes s'enroulent autour du métal froid des pieds de ma table de travail. Mes doigts boudinés sont gorgés d'encre et de sueur. Ils agrippent une feuille immaculée et la noircissent de signes inhumains, ces signes qui cinglent mon esprit. Je rumine les vers impénétrables que sont pour moi les équations chimiques. Les yeux collés sur la page, mon regard se fixe, se trouble, se dissout dans un fouillis inextricable. Les lettres vomissent leur sens scientifique. De rage, je lacère la feuille, la compresse, la réduis aux creux de ma main pour en extraire le jus infâme et la jette dans cet entonnoir qui pompe mon énergie, ce gouffre qui aspire mon imagination.

Je veux une page blanche pour me perdre, disparaître. Épuisé, je me lève et m'assois sur le radiateur électrique dans une ambiance lourde et moite, j'ai mal à la tête, j'attends que la chaleur monte. Le regard dans le vague, face à la fenêtre je devine derrière le ciel nuageux la courbe elliptique du soleil, cette boule de lumière qui tourne autour de moi sans jamais me parvenir, pas même un rayon. Ce mirador m'observe et accentue ma tourmente. Seules les cheminées crasseuses filent vers le ciel. Il me reste les toits pour m'abandonner à mes promenades verticales. Ma tête est vide, sans images, sans rêves, sans cris ; elle est inhabitée.

J'arrête de réviser. J'écris :

« Mes chers parents, j'arrête mes études. J'ai lutté en vain. “En moi naît le ménestrel.” Ma vie c'est grimper, c'est aimer, c'est créer, c'est risquer. L'escalade c'est ma religion, ma voie. Je veux être artiste-grimpeur ou mourir. Je ne m'appelle pas… je suis Antoine Le Menestrel. Je n'ai plus de parents, la roche et le vide sont mes parents. Je ne veux pas de cadeau, je ne veux pas de gloire et d'argent. Je demande à la vie d'avoir assez pour vivre de mon art : je serais moine-grimpeur-poète. J'ai fait un vœu profond : je donne ma vie à ma vie artistique.

Chers parents, je vous embrasse. »

*

Ma mère organise l'anniversaire de mes 18 ans avec tous mes copains, j'y assiste comme un zombie. J'attends que les invités partent de la maison pour me retrouver seul. Je vis dans un cauchemar depuis près de deux ans. Je m'approche du point de non-retour. La vie vaut-elle la peine d'être vécue ? Je n'ai pas fait de crise d'adolescence, je n'ai pas été en opposition à mes parents, c'est une crise avec moi-même, je me repousse. Je parle à ma mère de mes difficultés à vivre mais pas de mon désir d'art. C'est ma seule confidente possible mais lui parler m'incite à m'en éloigner. J'étouffe. L'an prochain, j'irai vivre à Paris. Je dois quitter la maison familiale d'Épinay-sous-Sénart, c'est une nécessité vitale.

Le temps s'écoule et je reste paralysé par ce phénomène, je subis ma vie, je ne peux pas vivre pleinement. Il me semble que je ne suis pas fait pour cette société. Je ne suis pas satisfait de ma vie, je n'arrive pas à vivre comme je l'entends. Mais il me suffit d'un regard, d'une parole, d'une peinture pour redonner du goût à ma vie. Les mots sont là, entre nous, comme des nuages suspendus dans l'air, et je n'arrive pas à les attraper. Je sais qu'un jour je m'en sortirai. Je sais qu'un jour je vivrai. Je vivrai enfin.

Je m'installe dans une chambrette rue du Bouloi, près du Palais-Royal. Il n'y a pas de toilettes, pas de douche, juste un lit au sol, une table basse et heureusement une cheminée qui me permet de rester en contact avec la nature et ma flamme poétique.

Sur le trottoir devant le Vieux Campeur, l'Église de Scientologie m'approche, je fais un test de personnalité. Selon leur résultat, je suis dépressif au plus haut degré, instable mais qui sait s'apprécier. Ils m'invitent à les rejoindre et me harcèlent de coups de téléphone, je trouve que c'est un mauvais signe, je ne poursuis pas.

Je n'ai jamais été aussi seul, pourtant je vis dans la capitale. J'ai l'impression qu'il suffirait d'un rien pour que je rentre en contact avec tous ces êtres humains. Ma respiration est l'image de ma vie. Je suis suspendu au bout de l'inspiration. Je ne peux pas expirer. Je suffoque.

Lorsque je pense c'est atroce et chaque jour je me bats contre moi-même pour essayer de ne pas croire à tout ce que je pense. Mes idées sont parfois si limpides qu'elles me brûlent les neurones.

L'enfer c'est moi. Je m'introduis en moi, chaque parole lâchée vers l'autre est comme un glaive dans ma tête, impossible de parler, mes pensées ont le même goût que le sang dans la bouche. Elles ont envahi mon cerveau. Lorsque je pense, tout s'embrouille, mes sentiments, ceux des autres, mes idées, ce que je suis, ce que j'aimerais être.

Je ne contribue plus à construire ma vie, je n'ai plus d'esprit de décision, au contraire je laisse mes sentiments s'emparer de moi, les désirs des autres m'envahissent et s'opposent à moi. Je voudrais suivre ce que me dicte ma vie, me laisser transporter.

*

Ce soir j'ai le cafard, j'ai pleuré pour la première fois depuis un mois, je me l'étais interdit afin que je puisse réagir et ne pas me noyer dans mon lac de tristesse. Pour ne pas pleurer, il aurait fallu m'évader ou arriver à en parler. Je reste seul, j'écris quand je ne grimpe pas c'est ma façon de purger mon mal-être. Ô Escalade, tu es dans mes rêves, je veux que tu sois ma vie. L'escalade est le seul instant dans ma vie où je suis libre.

Parfois, j'ai dans la tête des images sordides, insupportables. Je ne peux pas en parler, je peux écrire, cela me permet seulement d'exprimer ce qui me ronge. Mon mal passe à travers les mots et ainsi je me sens mieux. Je vais peut-être enfin pouvoir dormir, demain j'ai un examen. Bonsoir petite feuille de papier blanc, mon dernier recours pour ne pas craquer avant de devenir fou.

Un rêve vient me tenailler : je donne un spectacle de danse, devant une foule, mais ce que perçoivent les spectateurs ce ne sont que des gestes insignifiants dépourvus de sens. Je ne me sens pas bien. J'ai besoin de m'exprimer mais également de sens dans l'expression de mes gestes.

J'ai enlevé le papier peint de la chambre, ma maison est plus légère.

Je vois la lune ronde, le soleil rond. Il y a la terre ronde et je tourne en rond. Ma tête est ronde, un boulet rond rebondit dans mon cerveau. Je tangue dans l'onde.

Pour ne pas me cogner au mur dans ma chambre, la nuit je marche dans les rues de Paris. La température est fraîche, je souris, des petits frissons me transportent, des décharges font vibrer mon corps électrique. Mes larmes sont aux bords des yeux, ils sont gorgés de bonheur arc-en-ciel. Je m'approche d'une galerie de luxe. Je vois mon visage reflété dans la glace, il me paralyse. Derrière la vitre, il y a un grand tableau d'un visage d'ange blond avec les cheveux en pétard. Les visages se superposent. Je me vois avec une chevelure dorée, emporté par le vent tel que j'aimerais être. J'ai une illumination.

Mais quelle est cette angoisse qui s'infiltre en moi et me brûle de l'intérieur ? Je n'en veux pas. Je n'ai rien demandé. Je suis dans une spirale. Le monde autour de moi me fait peur. Je cherche la trame de ma vie mais, pour un rien, je me laisse emporter par mon angoisse. Je peux entrer en contact avec la vie par l'intermédiaire du mouvement, par le spectacle, par l'escalade, la parole, les écrits, la sculpture, l'amour. Vivre au présent dans le désir immédiat sans angoisse du futur. Je cherche à mieux me connaître pour mieux me choisir.

*

Paris. Je profite du calme du Jardin des Plantes. Je ne pense plus à rien, je regarde les étoiles pour que mon âme s'envole et ne revienne que lorsqu'elle sera en état de vivre plus tranquillement sur terre. Cela fait au moins cinq fois que j'ouvre mon carnet intime, aujourd'hui il y a vraiment quelque chose de nouveau, il ne faut plus que j'évite mon mal, je dois vivre avec lui. C'est peut-être un état qui m'est naturel.

Après ce délire d'après-midi j'assiste au cours de biochimie, mon corps est présent mais ma tête est dans du coton. Je suis ailleurs, je ne pense plus. Comme un robot, je rentre chez moi en métro. Mes mauvais délires remontent, je prends une douche bien chaude pour retrouver le cocon. Je suis épuisé, sans ressources. Je m'allonge sur mon lit, m'endors avec mes délires. Je me sens perdu, très seul. Je commence une crise, me roule par terre. Je sors acheter de l'alcool, en chemin je tombe sur un cinéma et je rentre, instinctivement. C'est *Le Dernier Combat* de Luc Besson. À la fin du film, je suis toujours vivant et je me promène dans les rues jusqu'à 3 heures du matin.

Je veux faire un film sur mes dernières minutes de vie avant la fin du monde. C'est l'histoire d'un grimpeur qui s'échappe de la ville pour aller grimper en solo et faire corps avec l'univers juste avant l'apocalypse nucléaire.

Je crois que c'est la fin, c'est irrattrapable. Des cris il y en a, je ne fais pas assez d'efforts pour aller vers les autres, je suis égoïste et c'est cet état qui m'empêche de nous rencontrer, je n'y crois plus à fond. J'ai un côté du visage paralysé, mon oreille droite est bouchée et j'entends constamment un bruit de fond, un crépitement qui résonne dans ma tête alors qu'il n'y a pas de bruit. J'ai l'impression que les choses émettent des vibrations. J'entends des éclairs déchirants dans ma tête. C'est la tempête en moi-même. Chaque fois que je rentre chez moi, je passe mon temps au lit.

Lorsque je ne grimpe pas mes pensées refont surface. Ma tête sent le vomi, toutes mes paroles sont veules, mon discours intérieur est une logomachie qui me fait mal. Je suis dans un monde d'autodestruction. C'est le monde du tout, tout de suite ; pour exister il y a des difficultés à surmonter et l'on ne m'a pas appris comment faire. Quelque chose se passe dans ma tête. Je suis spectateur de ma vie. Je suis trop seul, j'ai besoin de me rapprocher de la nature, de me réchauffer, j'ai besoin de flamme, je fais ramoner la cheminée.

Je n'attends pas la facilité, je serais déçu. Je n'attends pas la difficulté, je me fatiguerais. Je n'attends pas, je suis prêt à tout.

Un élan mystérieux me pousse avec force vers l'inconnu. Je n'ai plus d'issue. Je n'accepte pas que le poète, le sportif, le sculpteur, l'amoureux, le délirant, le nostalgique, l'angoissé, le triste qui sont en moi disparaissent. Tous ces êtres font partie de moi mais ils n'existent pas tous ensemble. Ces facettes s'associent en excluant certaines autres. Il manque toujours quelque chose. Je dois laisser toutes mes facultés coexister dans mon « je ». Je me réaliserai par la réunion de mes polarités. Relier est la source de toute créativité : masculin/féminin, nuit/jour, matière/esprit, intérieur/extérieur, réception/pénétration, inspiration/expiration, vie/mort, haut/bas, moi/monde, ascension/descente.

Le grimpeur est entre matière et vide, corps et esprit. Je cherche cet équilibre subtil qui ne choisit pas qui est « entre ». C'est un équilibre qui n'est que déséquilibre. La beauté vient de sa fragilité. Un équilibre qui existe par le lien entre des forces opposées. Je vis parce que je suis là ou pour ce que j'ai à faire ?

Je dois m'arrondir si je ne veux pas me déchirer sur l'anguleuse réalité.

Je sens la vie traverser mon corps par des rayons. Mon cœur est pressé, j'ai des contractions comme des coups de poing dans le ventre, un nouvel être lumineux va-t-il jaillir ?

Je suis un roi qui ne peut gouverner son royaume, assailli par des bouffées d'angoisse. Le passé est un boulet, le futur est angoissant, il ne me reste que le présent.

D'où viennent mes peurs ? Elles sont là dans chacun de mes pas. Seule ma concentration les transcende. Avoir peur et ne rien faire c'est ne pas avoir foi en la vie. J'ai atteint le sommet de l'angoisse. Je me rapproche de la folie, je dois me rassembler, reprendre des forces car la vie m'appelle très fort. Plus je souffre plus j'ai confiance en mon corps, je n'ai plus que lui. Avec mon corps, je vaincrai mon mal-être.

Il fait noir, je termine *Voyage au bout de la nuit* de Céline. Je pleure, mes larmes coulent jusqu'à mes lèvres, je les avale, c'est bon. Que peuvent-elles donc bien contenir ces larmes pour sortir ainsi de mon corps et me soulager ?

*

Pour mes 20 ans, Maman emmène toute notre famille au spectacle du Cirque Plume aux Arènes de Lutèce, à Paris. J'écoute les *Gymnopédies* de Satie sur des verres, une femme-animale grimpe partout, la cage et les arbres, une fildeériste danse sur le fil avec une ombrelle. Je suis fasciné et attiré. C'est un moment de bonheur intense, tout autour de moi est réuni : je suis entouré de mes proches, il y a le cadre, le contexte, la poésie, le geste. C'est une révélation, je rêve de faire comme la grimpeuse qui danse. Cette plume me chatouille toujours le cœur.

J'ai l'impression que tout ce que je fais est petit, qu'il n'y a rien de grandissime, je n'en fais pas assez, je me sens limité, tellement en dessous de mes possibilités. Je suis gêné d'écrire certaines choses, j'ai honte de me rêver aux Beaux-Arts ou poète. Je me sens si petit, si minable, suis-je prétentieux ou innocent ?

Je grimpe moins, je rêve de verticale. Je cherche à me définir : poésie verticale, escalade artistique… Une pierre rêve d'air, il y a des airs dans la pierre. Il y a des vers de pierre gravés dans l'éther qui sculptent mon être.

J'arrive à des états où je ne vois que des images se succéder comme dans un film. J'imagine un spectacle en tableaux : une ascension et une descente. Il faut au moins une descente dans ce monde. Il y a un profond malaise, comme une chute irrémédiable de notre humanité. Il faut descendre avant de chuter. Je suis partagé entre un monde rêvé où je suis en paix et le monde réel dans lequel je vis, qui n'est pas en bonne santé.

Je reste en haut.

Je fais des recherches pour provoquer ma rêverie. Je dois contrôler les moments où apparaissent mes images mais elles arrivent comme des flashs. Ma rêverie n'est pas une construction de l'esprit, je ne me sens jamais autant moi-même, aussi vrai, aussi proche de mon essence que lorsque je rêve. J'irai où la rêverie m'appelle.

Mes bras se déploient, je plane sur la vie horizontale. Je plonge en moi-même pour éponger mon essence. Enfin, j'ose aller vers l'inconnu, j'y pense depuis des mois, je voudrais être comédien, je commence des cours de théâtre dans le Marais. Je suis très mal à l'aise mais j'essaye toujours de trouver des thèmes originaux. Je suis vraiment mauvais mais je ne laisse pas les profs indifférents.

Par l'art, je montrerai aux spectateurs des sensations, des émotions dont ils n'ont pas eu conscience mais qui sont en eux. Ma source d'inspiration sera mon corps et non la culture artistique. Je vais faire de l'art brut corporel. Je prendrai le chemin de l'essentiel, de ce qui me touchera au plus profond de moi, je me dépouillerai de cette forêt mentale qui obscurcit mon être. Je rencontrerai cette connaissance ancrée, indestructible, pour pouvoir la consulter à chaque instant de ma vie. J'aurai des valeurs, non pas construites intellectuellement, mais celles qui sont en moi, qui restent quand il n'y a plus rien. Je ne rechercherai pas l'esthétisme dans l'art, il y a déjà assez de beauté dans l'escalade. L'être humain ne peut que s'émerveiller de ce qu'il découvre en lui, et qui est là, sous les valeurs de notre civilisation. L'art est un moyen de cette redécouverte. Ma conscience fait partie de la conscience universelle, elle est en toute chose, de tout temps et à tout jamais.

Le paysage est une métaphore de ma vision d'être humain. La nature ne cesse de me raconter des histoires. Une œuvre d'art nous raconte une histoire. Vivre est une histoire que l'on se raconte. Dans une œuvre, tout doit être fait pour entraîner les spectateurs. Un fil conducteur nous emporte dans une histoire que l'on s'invente au fur et à mesure, une forêt de symboles où tout se répond en écho. Je peux m'insérer dans la société par l'art et l'escalade. Ma voie c'est d'être assez fort pour me mettre à la marge de la société.

Je ne serai pas un sportif de haut niveau, c'est indécent de passer sa vie à être le meilleur. Je ne serai pas sculpteur ou peintre. Entièrement seul, je sombrerais dans la folie. Mon enfer a besoin des autres.

Je voudrais écrire le livre de la voie verticale qui serait la synthèse d'un grand nombre de disciplines, je n'en suis qu'aux balbutiements de ma recherche, au germe de ma vie. Les fruits viendront, je ne les connais pas. Des fruits sont déjà là que je peux prendre mais je ne dois pas les cueillir avant d'avoir fait grandir l'arbre. Ce qui importe c'est le mouvement, l'évolution, la liaison, la vie entre le germe et le fruit. Il me faudra plusieurs années, voire une vie ; ce sera l'œuvre de ma vie.

Je m'agite comme le vol frénétique et angoissé du papillon autour de la lumière. Je dois écrire un hymne à la Verticale.

Je travaille à être poète. Ma voie vient du cœur. Ma respiration est profonde, ma conscience est ouverte. Je transforme ma violence, je suis dans l'instant, je veux un visage resplendissant, un sourire énigmatique, je meurs un peu chaque jour, je ne veux laisser de trace que poésie, je ne veux pas faire de mal, j'aime mes contradictions. Artiste, je ne vivrai pas d'applaudissements, je dois créer une œuvre que personne d'autre ne peut faire, une œuvre qui invite les cœurs et les âmes à se révéler. Danse et escalade vont se marier. Je vais consacrer mon énergie à atteindre mon sommet : l'art d'aimer ma vie car ma vie aime l'art.

Je ne résiste plus devant cette plénitude de vie qui m'appelle.

Chapitre 3

Buoux

J'ai 15 ans, Marc, 13 ans. Pour les vacances de Toussaint, nous partons dans le Sud avec mes parents. Nous découvrons le grand vide du Verdon et les classiques *Dingo maniaque, l'Éperon sublime*... Mes parents font cordée ensemble et moi avec mon frère. Nous grimpons en tire-clou avec des pas d'escalade obligés. De violentes discussions opposent parents et enfants. C'est le choc des générations. Ils sont prudents car conscients de leurs limites. *Pichenibule* les impressionne avec son passage difficile sans retour possible. Le temps est pluvieux, nous rentrons fâchés vers Épinay-sous-Sénart mais sur la route on s'arrête au pied d'une « petite falaise », à Buoux. Le 2 novembre, nous faisons la *Fesse wallonne*. Ici, il n'y a pas de voies récentes. On grimpe surtout dans les fissures. L'assurance se fait sur pitons, coins de bois, cordelettes sur les arbres et lunules. En redescendant, je vois une très belle dalle avec des reliefs ciselés sur la droite, je me dis que j'aimerais bien l'ouvrir un jour.

Buoux, c'est le temps de la découverte et de la réconciliation. Une révélation.

Ce petit coin de paradis où l'Aiguebrun coule toute l'année va émerger à la surface de mon être comme des bulles de champagne. La vie à Buoux a commencé dans les rochers, il y a 125 000 ans. L'homme de Néandertal y a vécu durant près de 90 000 ans. Plus tard, après la dernière glaciation du Würm, des grottes furent occupées au Néolithique, vers 6000 av. J.-C. comme lieux funéraires ; près de deux cents tombes sont creusées à même le roc. Des cuves, escaliers, trous de poutres et rigoles datent de l'époque carolingienne, au IXe siècle. Le vallon de l'Aiguebrun fut sans doute un centre érémitique où j'imagine des stylites vivant sur de hautes colonnes dans une immobilité absolue.

La falaise est formée de molasse urgonienne, datant du Miocène, il y a 12 à 25 millions d'années. C'est une roche sédimentaire, née de l'empilement successif de dépôts de petits animaux morts : en escaladant un mètre de rocher, on parcourt en moyenne une centaine de millénaires de l'histoire de la Terre. Lorsque je grimpe vers le haut je vais vers notre présent. La roche de Buoux est unique et recherchée : sans fissures, elle résiste au gel et donc au temps. C'est une roche tendre dont le nom vient du latin, *mola,* parce qu'elle était utilisée pour tailler les meules de moulin. Les formes de la falaise sont rondes, voluptueuses, colorées.

*

Lorsque je reviens pour les vacances de Noël, deux ans après notre première visite, Buoux a changé. J'ai la joie de grimper *Pénélope* 6c+, la voie que j'avais anticipée lors de ma première visite. Je ne suis bien que lorsque je grimpe. En quelques essais, je réalise deux voies de 7c ouvertes par Laurent Jacob, *La polka des ringards* et *L'autoroute du soleil.* Les anciennes voies qui avaient pu être libérées l'ont été et il est nécessaire d'en ouvrir de nouvelles. Laurent Jacob nous initie aux joies de l'ouverture, sa passion est intarissable. C'est un « maître ». Comment découvrir une ligne ? Le guetteur à l'affût traque du regard les lignes de prises. Nous prenons du temps au pied de la paroi à l'observer et ressentons l'appel d'une ligne vierge. Nous descendons en rappel dans cette paroi sans voies. Cette pratique est révolutionnaire.

À l'époque, peu de grimpeurs ouvrent des voies à partir du haut. Pour certains, c'est un sacrilège de commencer par le sommet et de descendre pour explorer l'inconnu. Dans notre civilisation, les humains doivent faire l'effort et mériter le sommet comme un Graal, cela doit être une conquête. Certains irréductibles, comme Christian Guyomard à la Sainte-Victoire, poursuivent l'ouverture à partir du bas, mais cette pratique a alors presque disparu. Elle reviendra grâce à des grimpeurs comme Arnaud Petit et participe aujourd'hui à la diversité des escalades.

Laurent perfectionne sans cesse ses outils : escarpolette, tamponnoir rallongé. À la quincaillerie, il vole des points d'assurage en les cachant dans son string et mon frère l'accompagne, moi je suis trop peureux. Dans la voie, nous brossons le lichen sur toute la zone d'escalade afin que chacun puisse choisir ses prises de pieds. Le moindre gratton, cupule, bossette ou picot doit pouvoir servir. Les voies faciles demandent plus de travail, il faut brosser davantage car, sur les dalles, il y a plus de lichens, des trous remplis de terre, des arbustes dont les racines se faufilent dans les fissures. Il faut adoucir le tranchant des prises pour éviter de se couper, préparer le rocher à être grimpé par soi et par les autres. Nous réfléchissons à l'emplacement des points d'ancrage, c'est nouveau. Avant, lorsque les ouvreurs partaient du bas, ils plaçaient des protections là où ils le pouvaient. En ouvrant par le haut nous pensons à faciliter les mousquetonnages en plaçant le point d'assurance au niveau d'une bonne prise avant le pas difficile. La distance entre les ancrages détermine l'exposition, l'engagement et la tension psychologique. Nous aimons les voies de caractère. La légende veut que nous soyons des grimpeurs très engagés, ce n'est pas tout à fait vrai, nous mettons peu de points d'assurance car c'est long, il nous faut presque une heure pour percer la roche au tamponnoir. Nous n'avons pas beaucoup d'argent et les points d'ancrages sont alors espacés. Les voies sont engagées à Buoux, j'ai peur de voler, je dois me « botter les fesses » et me concentrer pour ne pas y penser. Laurent recherche l'esthétique d'une ligne, des points régulièrement espacés et placés de sorte à ne pas provoquer de tirage. Mettre un point d'ancrage, c'est assumer une responsabilité très importante car d'autres grimpeurs vont tomber et risquer leur vie.

Enfin, nous grimpons la voie de bas en haut sans tomber, en libre. Après lui avoir donné son nom, nous la signons comme la création d'une œuvre. Les noms des voies changent et notre intimité, nos rêves y sont parfois associés : dans toutes ces attentions, il y a une recherche de la perfection. Il s'agit de s'adapter à la nature et parfois de prolonger la création naturelle. Voilà ce que j'appelle être créatif dans l'adaptation au rocher.

Dans notre bande, l'éthique consiste à accorder la priorité de la première ascension à celui qui a équipé la voie. Nous laissons à l'ouvreur le temps d'essayer : hors de question de piquer une première, de consommer l'ouverture d'un autre. Dans l'ouverture d'une voie inconnue, il y a un investissement émotionnel et physique parfois long, intense, névrotique, engagé quand il faut équiper un surplomb. Nous sommes des grimpeurs impliqués dans l'invention de l'escalade libre et nous nous sentons la responsabilité de construire cette éthique. Certains grimpeurs, comme La Mouche, pourtant eux-mêmes ouvreurs et précurseurs de la haute difficulté, ne se préoccupent pas de cette éthique. Ils viennent essayer nos nouvelles voies et cela nous affecte. C'est vrai : un ouvreur peut-il revendiquer un droit de propriété sur un bout de cailloux ? La voie ne lui appartient pas. En équipant un morceau de rocher, il en fait une voie offerte à tous. Pourtant, nous sommes sensibles à cette relation qui se crée entre l'ouvreur, le grimpeur et la voie. Une relation émotionnelle.

J'ouvre le bombé de *Rêve de papillon*. Le mouvement de croisé, bras par-dessus la tête, m'inspire pour nommer la voie. Mais il me manque un battement d'ailes pour le réaliser.

Ce mouvement peut-il déclencher un effet papillon ? Changer le monde de l'autre côté de la montagne et le cours de ma vie ?

Marc est plus fort que moi dans ces mouvements qui demandent de la force. Je le laisse essayer. Il équipe la dalle finale et réalise *Rêve de papillon,* 8a, en avril 1983. Je suis sincèrement content pour lui, il réussit une des meilleures performances sportives de l'époque. Je lui ai offert la première et cela me coûte. J'ai la révélation d'une relation possessive vis-à-vis de la voie. Je me sens lié intimement à elle. Je suis tombé amoureux de ma voie.

*

Été 1983. Buoux est victime de son succès. Aux abords de la falaise, il y a environ 300 tentes avec les détritus et désagréments associés. On se comporte comme des envahisseurs. On grimpe au-dessus de la route et il nous arrive de demander à un paysan en tracteur d'attendre que le grimpeur sorte du pas difficile pour circuler. Nous ne respectons pas les habitants. La falaise est à nous, c'est notre terrain de jeux.

Nous dormons dans des bories, les cabanes en pierre du plateau des Claparèdes. Un matin très tôt, nous sommes réveillés et expulsés par la gendarmerie. Pierre Pessemesse, le maire de Buoux, a interdit le camping et l'escalade. C'est ma première rencontre avec lui, ce ne sera pas la dernière. La falaise est interdite mais c'est inconcevable que l'on m'empêche de grimper.

Je grimpe avec Fabrice. Une force centrifuge nous a éjectés de la bande des Parisiens. Je suis mal dans ma peau, ma compagnie ne doit pas être très agréable. Je me retrouve de plus en plus isolé, nos solitudes se rejoignent. Un soir, on part dans *La gougousse.* Les deux premières longueurs s'enchaînent bien. L'ambiance est montagnarde, on s'assure sur des vieux clous bien espacés. Dans la longueur dure je tombe au rétablissement après le surplomb. Je redescends au relais et j'enchaîne la longueur. J'atteins difficilement le haut de la falaise à cause du tirage de la corde. Au sommet, alors que j'assure Fabrice, je joue avec du sable. Je ne suis pas assez concentré sur ma tâche. Au moment où je suis le plus distrait, un moustique me pique l'épaule gauche. Ma main droite lâche la corde pour écraser l'animal d'un coup plus rapide que l'éclair. Au même instant, Fabrice tombe dans le pas difficile. La corde est livrée à elle-même, comme possédée par un maléfice. Je vois les anneaux soigneusement pliés sur le sol sauter et s'engouffrer dans le mousqueton. En une fraction de seconde, je réalise ce qui se passe et j'agrippe désespérément la corde à deux mains. Voyant qu'elle file toujours je serre davantage. La corde pénètre dans ma chair avec une odeur de grillé. Dans un effort de mutant, j'arrête le défilement. Fabrice attrape le rocher et remonte en tire-clou, pendant qu'à chaque brassée de corde je souffle dans mes mains pour calmer la douleur. Sa tête apparaît au-dessus du plateau. Je lui dis : « Suis désolé. »

Fabrice a maintenant les deux mains sur une écaille de pierre de la taille d'un lit. Il me répond : « C'est bon, tout va bien, j'ai pensé que le relais s'était arraché. » Il est tombé de 6 mètres, puis 3 mètres au ralenti. J'ai fait une erreur grave et je l'ai payé de ma chair.

Fabrice fait son rétablissement final sur l'écaille et, soudain, l'énorme bloc se détache de la paroi. Dans un mouvement de dessin animé, il bondit pour échapper au monstre. Le bloc de plusieurs tonnes file dans les airs. Les yeux dans les yeux je vois Fabrice blanchir et crier : « Attention cailloux ! » d'un ton doux et innocent, comme s'il me parlait dans le creux de l'oreille. Le rocher se fracasse 100 mètres plus bas, près du chemin qui mène à la colonie de vacances. Nous sommes démasqués, deux cents enfants et quelques adultes nous regardent. L'incident passé, nous courons nous réfugier à la voiture. Nous sommes en transe.

Après deux jours de repos forcé, j'essaye *Élixir de violence,* 8a, une voie que j'ai ouverte dans un magnifique bombé. Je butte une première fois au pas dur. Au second essai, au moment où je bloque sur un monodoigt main gauche pour attraper la cupule main droite, une douleur insoutenable me fait lâcher prise. Je n'arrive pas à raconter ce que je ressens. Tout s'embrouille dans ma tête, je suis perdu. La violence de la voie et de son nom déchire ma chair et ma tête. C'est une tendinite. J'arrête de grimper. C'est la fin de ma vie. Je me remets en question.

L'escalade s'intègre à notre société avec ses valeurs du toujours plus difficile, de plus de fric, de reconnaissance, de médiatisation. Suis-je supérieur parce que je grimpe vers le haut ? Dois-je promouvoir cette idéologie ? L'escalade est en train de passer de l'acte gratuit à la consommation. Comme ouvreur, je visite des lieux minéraux qui n'ont jamais connu aucune présence humaine. J'effleure le premier la roche, c'est unique, c'est irrémédiable.

La beauté des lignes me guide. À l'extrême ouest de la falaise, je suis ébloui par un rayon de lumière. J'ouvre *L'empire des lumières,* 7c, que je baptise en hommage à Magritte, qui a des rêves lucides et sait les provoquer. Je cherche des rêves qui m'éveillent.

Ouvrir une voie avec amour, c'est créer une œuvre, c'est pourquoi je la baptise comme un tableau. J'ouvre *La rose des sables,* 7a. J'effleure les prises, je les cueille comme des fleurs. Je déflore la prise pour répandre le parfum d'une préhension qui monte. J'espère grimper cette voie le plus longtemps possible.

En septembre, je grimpe à vue *La cage aux orchidées,* 7b. J'ai peur de tomber, je n'aime pas tomber. Je n'aime pas grimper en pensant que je vais tomber. Je me concentre sur les mouvements, je ne pense plus, je n'ai plus peur, je suis dans le flot ascendant. C'est un soulagement de la réaliser.

*

J'ai pour l'escalade une tendresse infinie, un attachement profond. La falaise vit avec la pluie et le soleil, chaque averse vient nourrir cette cathédrale minérale. Comme l'arbre qui plonge dans les profondeurs de la terre pour s'élever, l'homme doit plonger dans ses profondeurs intérieures pour grimper. La grâce et l'agilité se trouvent à la limite du relâchement. Dans l'inspiration je me gonfle, dans l'expiration je me propulse. Si mon expiration est profonde, elle m'emporte comme le battement de l'aile sur l'air. Je m'élève, emporté par mon courant descendant. Une voie est une vie.

L'escalade est un moyen de développer mon non-mental, le geste grimpé est en rapport direct avec mon cerveau reptilien. Avant de grimper, j'effectue un petit rituel : lacer les chaussons, m'encorder, essuyer mes pieds tout en expirant. L'escalade commence, j'élimine ma pensée en suant. Je me sens plus léger. Chaque prise attire mon corps comme un aimant. Mon corps souple et tendu s'accorde aux prises. Grimpeur, je suis la bulle de champagne qui monte à la surface, l'arbre qui s'étire vers la lumière, l'eau qui s'évapore à la chaleur, le parfum d'une fleur qui vient à votre rencontre. Un être qui s'épanouit.

Je relâche les muscles du visage et tout mon corps se relâche. Je me relâche mais je ne lâche pas les prises. Je mords les prises avec délicatesse et je les lâche fermement.

Ma peau des doigts est si usée que j'ai le cœur au bout des doigts. Je caresse la pierre, sa chaleur me manque. Je me détache de la réussite et je m'attache au mouvement. Le réflexe de stress c'est de s'agripper avec les mains et pédaler dans le vide avec les pieds. Il faut au contraire se détacher du haut et s'ancrer en bas. Les formes de mon corps et de la roche s'associent. Au sommet je n'ai plus d'ombre ; s'est-elle envolée ? Comme une flamme lèche la bûche pour s'élever, le grimpeur adhère au rocher. Grimper c'est laisser mon corps danser sur le rythme minéral. Mon pied enraciné sur la prise ne doute pas de son union avec la pierre. Je pousse jusqu'au centre de la terre.

Demain matin, je me réveillerai et je serai un homme qui n'a jamais grimpé de sa vie ; demain, je vais réaliser mon rêve, je vais grimper pour la première fois. Je grimpe comme un petit enfant. Je grimpe sans but de réussite, ainsi je laisse s'exprimer cet élan primaire qui me pousse à grimper. En escaladant en tête, ma signature de grimpeur est plus lumineuse ; grimper en second c'est fait pour travailler, se perfectionner se chercher, faire des exercices.

Je suis un peureux. Ma première étape c'est la confiance dans le matériel ; là les fabricants comme Petzl ont fait beaucoup de progrès. La deuxième étape c'est la confiance dans l'assureur, il faut créer la relation. La confiance ne tombe pas du ciel, elle se cultive. La troisième étape c'est la gestion de sa peur, c'est normal d'avoir peur, c'est une pensée, une émotion qui se cultive. Je me concentre et ma peur se dissout. Maîtriser ma peur est vital. La peur est un signal qui m'alerte pour que je change quelque chose : soit la voie est trop difficile et je dois en changer, soit je dois changer autre chose. Mon assureur est-il assez présent ? Suis-je assez concentré ? Je ne suis pas en forme physiquement ou psychiquement, ou le contexte n'est pas favorable et je dois revenir ? Dois-je changer de vie ? Lorsque j'ai peur, je dois changer de voie ou de vie ?

Je réussis *Élixir de violence,* c'est la délivrance.

*

Février 1984. Avec Marc, on arrive de Paris dans ma 2CV bariolée de motifs psychédéliques. La falaise est toujours interdite, le garde du fort nous fait la morale en nous présentant un arrêté préfectoral. Les arguments sont ringards mais il nous fait douter.

Aujourd'hui, il fait enfin beau, il n'y a ni vent ni neige ni pluie. JB nous rejoint, on rééquipe pour le libre une voie d'escalade artificielle, la *Fissure Serge,* un très beau mur avec des mouvements complexes et un très beau jeté. C'est une des dernières voies à libérer. Nous sommes très matinaux, nous devons attendre le jour dans la voiture. Il fait beau mais un peu froid. À peine échauffé, je m'élance dans la voie tel un montagnard endurci, je passe au taquet, fidèle à mon habitude. Puis Marc passe super-tranquille, comme à son habitude. C'est une ascension collective. On la cote 7c+ et on fait quelques photos pour souder notre fraternité.

Un matin, en essayant *Mémoires d'une limace,* une voie de 8a que Fabrice a équipée cet été, on découvre avec stupeur que quelqu'un a taillé des prises. Qui nous en veut ? Pourquoi un grimpeur massacre la voie d'un autre ? On est en colère. L'auteur de ces méfaits reste caché, il n'a pas de courage. On revient à l'escalade qui est très technique et agréable, sauf un mouvement aléatoire, tendineux et pénible qui épluche les doigts comme un morceau de gruyère dans la soupe. Ce mouvement vient conclure cette « couenne » fabuleuse. Mais, comme des mutants sortant d'une poubelle, on fait tous les mouvements.

À peine échauffés, on a déjà froid. Avant chaque essai d'enchaînement, on se réchauffe en grimpant la première partie, Marc enchaîne rapidement, Fabrice abandonne. Je reste seul dans le froid et la solitude face à cette paroi de plusieurs milliers de millimètres. Je me sens fort, je veux vaincre, je suis venu pour cela. Si je ne réussis pas j'entrerai en zone de pourrissement. Je me concentre, je respire, je me décontracte, je vais nettoyer les prises, je refais les mouvements dans ma tête, je nettoie bien mes chaussons, je chauffe la gomme pour augmenter l'adhérence, je prends du temps. Me voilà parti dans les premiers mouvements, je mousquetonne le premier point et mon pied glisse, je tombe, mes amis rigolent de moi, toute cette préparation pour ça ? Je suis un peu humilié mais la situation est pleine d'humour. Les essais se succèdent en vain, je tombe toujours au même mouvement. Pour l'essai victorieux je suis tellement bien que, pour la première fois, je parle dans la voie. Il se met à bruiner. On rentre.

Nos états psychiques dépendent de nos réalisations. Nous ne sommes joyeux que lorsque nous réalisons une voie. Nous sommes sommet-dépendants. La réussite masque nos problèmes, l'ambiance est tendue quand les réalisations se font rares.

Je travaille *Ça glisse au pays des merveilles,* 8a, avec JB. Il fait froid l'adhérence est exceptionnelle, j'enchaîne sans problème la section dure, je suis super-cool, dans un jour de grande forme mais je n'essaye pas d'enchaîner. J'y retourne le lendemain avec Marc mais ce n'est plus la même chose, il m'est impossible de refaire les mouvements. Je pense que c'est un peu dû à la présence de mon frère. Sa facilité redouble mon manque de confiance en moi, produisant un effet inhibant.

Je n'ai plus de motivation, deux semaines sans grandes réalisations et je suis déjà en manque, il me faut quelque chose de fort. J'en ai besoin pour mon équilibre, je suis insatisfait. Je veux toujours pousser plus loin. Il m'est impossible de me reposer sur ce que j'ai réalisé, je dévalorise mon passé. Ce temps de non-grimpe me fait bouillonner des pieds à la tête. Je crache ma lave vitale par les yeux comme un volcan. À Buoux, les flashs sont d'autant plus puissants que je sais que des générations ont vécu dans ces lieux depuis la nuit des temps...

En septembre 1985, je réalise la seconde ascension de *Chouca,* 8a+. C'est le nom de notre chienne. Elle est encore plus accro à la nature que nous. Avant d'arriver à la falaise on doit la faire sortir de la voiture tant elle est excitée. Elle fait partie de la famille, elle est aussi folle d'escalade que nous. Elle était pleine et, hélas, ses chiots mort-nés seront enterrés au sommet de la falaise de Buoux. Marc baptise sa voie en son souvenir. J'adore cette voie : les premiers mouvements, je les exécute sans jamais arriver à les optimiser. Puis un jeté improbable en pleine face, qui se poursuit dans une partie verticale à doigts, enfin un final dans une dalle fine.

*

Le soleil tombe au ralenti, dernières éclaboussures lumineuses sur la falaise. Pour arriver au pied de *La rose et le vampire*, 8b, j'apparais par une porte sylvestre. J'emprunte un bloc incliné, comme une rampe de lancement vers le bout du monde. D'imposants blocs de rocher jonchent le pied de la voie, de leurs pores émane un parfum sableux aux couleurs désertiques.

Je me prépare sur un gros bloc posé en équilibre. C'est le théâtre de nombreux combats. Un lieu magique ! Je viens ici pour grimper. L'énergie accumulée au cours de la journée me projette dans cette voie. Avant chaque essai, j'adopte le même rituel. Je nettoie les prises. Je les prends dans mes mains. Je les pétris sous mes doigts pour les apprivoiser, les préparer à l'effort qui va suivre. Je me mets en confiance afin que l'influx soit prêt à jaillir. Mon matériel est bien rangé afin qu'il n'entrave pas le déroulement de l'ascension. Je m'encorde à Fabrice, mon assureur-complice qui tient ma vie entre ses mains. Au cours de l'élévation il me porte par son attention. Mon crachat purifie la gomme de mes chaussons, elle se met à couiner. La journée est fluide. L'influx est là, prêt à jaillir. Il me reste à mettre de côté tout ce brouhaha cérébral et faire le vide. Je rentre en symbiose avec la partition minérale, avec l'air qui alimente le feu de ma respiration. C'est parti.

Après les premiers blocages très physiques, j'atteins rapidement les prises du passage-clé, un croisé de rêve qui se déroule sur une plaque de rocher ocre, comme le cadre d'un écran de cinéma. J'essaie d'y entrer en me confondant avec le rocher. Je chute toujours les mains au bord du cadre. Il me manque la sensation d'un grand jour, d'un état de grâce que je ne cesse de susciter. Chaque fois, je tombe à quelques mètres du sol. Je me demande ce qui me pousse à réessayer sans cesse. Suis-je là sur terre pour réussir cette voie ? Une vie ne peut-elle pas se résumer à un mouvement ? Je me sens petit. Je n'ai pas le choix, la voie est sculptée en moi. Peu à peu les ombres s'étirent, il ne reste qu'un dernier rayon de soleil, le spectacle s'achève, les acteurs sont exténués, frustrés. Nous reviendrons demain ou après-demain, car certains jours nous laissons aussi la voie se reposer.

Cette merveilleuse voie est un vampire. Ses prises me lacèrent les doigts, elles me pèlent la peau, mes empreintes s'effacent. Je perds mon identité pour la réaliser. Ses prises, je les prends comme une tige pleine d'épines pour grimper au calice, ma sueur l'arrose. Cette voie m'envahit et je ne pense qu'à elle, je ne désire plus qu'elle. Je suis vampirisé. Cette voie a soif de moi pour nourrir sa beauté, je n'existe plus que pour elle.

La rose est pour vous qui me regardez d'en bas. Je renais pour vous. Dans le dernier rayon de soleil, un nuage de moucherons vole au-dessus des chênes verts. C'est un bon signe. Au sommet de *La rose*, je vois en contre-jour une chèvre grimpant dans un arbre.

La vallée se referme sur elle-même, chacun de mes soubresauts brise ce calme.

Le soleil tombe. À cet instant, je ne doute pas. Je sais que je suis sur cette terre pour réussir cette voie. Je pense que cette voie est inscrite en moi.

Dans un flot de gestes, la section difficile est avalée. Je crève l'écran. Les ombres s'étirent, un dernier rayon accompagne l'ultime difficulté.

Je me suis fait créatif pour découvrir un mouvement qui n'existe pas dans le vocabulaire de l'escalade extrême. Patrick Berhault l'a réalisé dès 1982 dans ses traversées de danse-escalade à la Loubière. Le bras gauche va si loin chercher une prise à droite qu'il entraîne la tête sous le bras droit. Le « croisé de la Rose » m'ouvre le visage sur l'espace et le monde qui m'entoure. Je vais grimper pour moi mais aussi pour les autres. Avec ce nouveau mouvement, je découvre une autre dimension de l'escalade, je pressens mon futur métier d'artiste de la hauteur. C'est un mouvement fondateur, il va me permettre d'être en hauteur et de créer une relation avec les spectateurs. Je passe d'une dimension sportive à une dimension artistique. Mon corps, outil de ma performance, devient vecteur d'émotion.

Le « croisé de la Rose » est devenu incontournable de mes danses verticales sur les murs des villes. Bien d'autres mouvements sont nés à cette époque : la « lolotte », une contorsion inventée par Laurent Jacob pour compenser sa différence de force avec nous. Le « yaniro » réalisé dans la fameuse voie *Chouca,* c'est probablement le compagnon de cordée de Toni Yaniro qui fait en premier le mouvement consistant à reposer le creux du genou sur un bras, mais c'est la star qui fait la photo et lui donne son nom. L'« edlingette », c'est faire la grenouille comme Patrick Edlinger avec le bassin plaqué à la paroi en regardant son épaule. La « gastounette » vient d'une fameuse définition du changement de pied dans un livre de Gaston Rebuffat ; le « tomy », qui est une poussée de jambes sans les mains porte le nom d'un fameux culturiste.

La rose et le vampire va changer le cours de ma vie. Je considère cette voie comme une œuvre créée par l'alchimie d'une falaise, d'un grimpeur et de son désir. L'escalade libre m'a rendu libre. Au-delà de mon escalade, cette voie a sa propre histoire, enrichie par tous ses ascensionnistes.

L'escalade m'a révélé, à travers le miroir de l'ascension, des facettes de moi-même. Je deviens créateur de voies, et l'apparition des murs artificiels va me permettra de canaliser cette créativité.

*

En escalade, je cherche toujours à aller plus loin dans l'exploration de nouvelles difficultés. En avril 1986, je réalise *Requiem*, 7c, à vue. Je ne me sens bien que quand je grimpe, le nom de la voie m'a porté, je meurs à moi-même.

Mon rêve doit être assez difficile pour me motiver et pas trop pour rester réalisable. C'est le désir qui donne l'énergie, sans lui il n'y a plus de vie.

J'ai la rage de grimper. Au-dessus de *La rose et le vampire*, j'observe une seconde section qui suit la ligne bleu ciel, dégoulinure du temps. Goutte après goutte, le ruissellement a formé des prises comme tombées de l'immensité bleutée du grand océan céleste.

Cette ligne est parfaite. J'équipe la longueur que je nomme *La secte*, parce que nous sommes une bande de grimpeurs et grimpeuses avec leurs amies et amis. On s'organise pour faire la bouffe et les courses, on descend le moins possible dans la civilisation. Nous n'avons qu'un but : grimper, manger, fêter, dormir et nous retrouver tous ensemble. C'est Buoux. Je sens un bouillonnement dans mon ventre, une inspiration volcanique envoûtante qui assaille mon corps, c'est l'émanation des entrailles terrestres. Dans ce paysage, je suis présent dans chaque particule.

Je décide d'enchaîner *La rose et le vampire* et *La secte*. La voie sera un enchaînement de passages de bloc entrecoupés par des positions de repos trop brèves. Quand j'arrive un peu plus fatigué à la décontraction supérieure, je dois récupérer le plus rapidement possible. Je me concentre, je ne me décourage pas, j'en veux toujours, toujours... J'atteins ma limite. Mon expiration s'infiltre sous mon écorce, épousant mon corps jusqu'à l'éruption. Je me bats avec la rage, avec le désir de réussir, difficulté après difficulté. Après un combat avec chaque prise, j'ai la rage de vivre dans chaque instant. Tomber c'est mourir.

C'est le crépuscule, la vallée s'est refermée sur elle-même, chacun de mes soubresauts brise ce calme. Un dernier rayon accompagne l'ultime difficulté. Enfin je prends le sommet à pleines mains et je me rétablis pour vivre. Je crie comme un nouvel être vivant. La vallée est déchirée par ce cri, elle s'emplit d'un écho fracassant. Au sommet de la voie, c'est le cri d'un grimpeur libéré.

J'ai réalisé l'enchaînement au premier essai : je le baptise *La rage de vivre*. C'est à l'époque la plus haute cotation française : 8b+.

Chapitre 4

Ouvrir

Pourquoi ouvrir une voie ? Pour réaliser une belle ascension ? Laisser une trace ? L'offrir aux grimpeurs ? Avoir mon nom dans le topo ? Parce qu'un élan irrésistible me pousse à explorer l'inconnu ? Que c'est l'expression de mon désir ? Pour m'émerveiller de l'existence des prises ? Révéler un territoire inconnu ? D'où vient mon élan ?

Sédentaire, je poursuis mon exploration vers le haut, vers le ciel. Cet inconnu m'appelle, il ouvre la porte de l'indéfini, de l'infini. Le vide m'attire et je fais le premier pas. Ouvrir une voie, c'est aller dans l'inconnu. L'escalade ressemble à notre quête existentielle. Elle est dialogue avec la pierre, méditation existence-ciel. Les grimpeurs empruntent les voies que nous ouvrons, l'escalade s'invente à travers ces ouvertures. L'ouverture est l'avenir de l'escalade.

C'est un privilège pour nous, ouvreurs, d'être en contact avec un rocher vierge d'humanité. Les pôles, les sommets des montagnes, les profondeurs de la mer sont souillées ; sur Terre, seules quelques parois verticales résistent encore. La prise vierge nous met directement en relation avec les origines de la Terre. C'est l'ouvreur qui est le premier en contact avec la prise naturelle, une relation va s'établir, la prise en sera irrémédiablement transformée.

Lorsque les prises sont là, c'est magique et je remercie intimement la nature. C'est comme un cadeau, je suis ému. Il manque parfois une prise au passage-clé, la voie est trop dure ou hétérogène. On est tenté de tailler, d'ajouter une prise, de coller un caillou, une prise artificielle...

Lorsque Marco Troussier ouvre *Os court* en taillant plusieurs prises dans un mur lisse, Jacky Godoffe réagit avec humour en vissant plusieurs prises roses en forme de Schtroumpfs. Avec Marc, nous prenons le temps de regarder ce grandiose bombé de l'Os à moelle, et nous équipons une nouvelle voie. Nous la nommons *Regard et sourire,* 7b+.

Lorsque je suis descendu pour la première fois dans *La rose et le vampire*, les prises étaient là, mais elles étaient trop petites pour la gravir à cette époque. Le désir de la grimper m'a poussé à tailler des prises et à en consolider d'autres. Le rocher dictait mon travail, j'apportais une part de création supplémentaire aux passages. J'ai amélioré des prises, c'était un manque de respect pour le rocher et les générations futures. J'ai ouvert cette voie pour la ligne, la gestuelle, le défi. J'avais envie de réaliser une voie difficile, au moins 8b. Si j'avais attendu, j'aurais peut-être ouvert une 8c !

Parfois, je brosse à droite et à gauche et découvre sous le lichen un trou si petit qu'il permet tout juste le passage. J'essaye de suivre le chemin là où m'emporte le rocher. De multiples influences se cristallisent dans l'acte d'ouvrir une voie. Je poursuis notre idéologie et je donne le haut comme direction. C'est un code, il est totalitaire. Pourquoi n'y a-t-il pas plus de traversée ou de désescalade ? Je vais chercher une logique de la ligne qui donnera une identité à la voie. Elle ne doit pas être trop proche de ses voisines, j'évite que des prises soient communes à deux voies. Des lignes de prises se croisent parfois. Il faut faire le choix d'un cheminement. L'homogénéité de la difficulté est souvent un facteur influent. Une belle forme, un beau mouvement incite au détour. Le désir que la voie ait une certaine cotation peut influer sur tel ou tel choix de passage.

En façonnant une voie d'escalade à partir du rocher vierge, l'ouvreur révèle sa personnalité. Il faut de l'humilité pour s'adapter à ce que le rocher propose. Être créatif dans cette adaptation. Il faut être sincère. Avec quelle intensité vais-je intervenir sur le rocher ? Vais-je dompter la roche comme une bête sauvage, la faire plier à mon désir ou créer une relation ? Il n'y a pas de limite nette entre préparer la prise et l'améliorer. Mon appréciation personnelle est mon unique juge, c'est un jeu entre mon désir et le respect du rocher. Je prends le droit d'intervenir. Tout n'est pas possible pour assouvir ma faim d'escalade et je me dois de mettre des limites.

Bien sûr, je prépare les prises pour qu'elles ne fassent pas mal. Avant l'apparition de l'escalade libre, on intervenait rarement sur les prises, sauf à Bleau, car on ne travaillait pas les voies. Mais avec l'escalade libre il est devenu inconcevable de répéter plusieurs fois un mouvement extrême sur une prise coupante. En intervenant sur une prise, je commets toujours l'irréparable. Seul l'ouvreur a le privilège d'intervenir sur le rocher. Les grimpeurs suivants n'y toucheront plus. C'est une fragile convention au sein de la communauté des grimpeurs.

La prise est l'alpha et l'oméga de notre pratique, l'escalade naît à la première prise et finit à la dernière. Sans les prises, les grimpeurs n'existent pas. Il n'y a pas de hors-prise en escalade. Une prise à sa forme, sa dimension, son orientation, sa couleur, elle est une note sur la partition minérale que nous interprétons pour créer notre chorégraphie. La prise est porteuse d'une inconnue, du mouvement qu'elle engendre. La prise est porteuse d'une surprise.

Une prise relie tous les grimpeurs, elle est notre point de contact, nous y laissons notre sueur, notre sang, la peau de nos doigts, la gomme de nos chaussons. Chaque prise est unique et fait partie du patrimoine minéral de l'escalade. Elle est à notre merci. Elle a aussi sa propre vie, elle s'use avec le temps, peut casser sous les préhensions répétées. Juste après une pluie, elle devient particulièrement vulnérable. La tendance d'une voie d'escalade est de devenir de plus en plus difficile.

*

En mars 1991 à Buoux, j'ouvre *Il était une voie*, 8c. Cette voie me semble inhumaine. Je ne pourrai pas la gravir par ma seule volonté, ma seule rage de vivre. Une autre force devra descendre en moi. J'ai vu une oreille de géant dans la falaise. J'entends le chuintement de la rivière qui ondule dans le vent. Je colle mon oreille à la paroi rocheuse pour écouter son silence minéral. Je sens un bouillonnement m'envahir du bas du ventre, une vibration dans mon visage. La voix du vent chante dans l'abîme. Cette voie n'attend que moi pour naître.

Je passe quelques jours chez Robert Cortijo à Manosque. Nous sommes tous les deux sensibles au mystère, nous lui avons fait une place dans notre quotidien. Je dois être patient, attendre le jour où la grâce sera avec moi pour que je grimpe ce qui me serait impossible seul. La grâce n'est pas de développer mes facultés mais de me vider pour être rempli. Je recherche l'état dans lequel je ne pense plus, celui d'avant l'existence de la pensée. Cette voie est l'occasion de me libérer du poids de la tête. Mon corps, totalement engagé dans le mouvement, devient libre. Je ne suis plus qu'un mouvement. Je m'encorde avec le monde.

J'ai soif de silence, soif de solitude, soif de grâce. Je guéris par l'escalade. Les airs appellent si fortement mon corps que je ne le sens plus. Il n'a pas un atome de différence entre ce que je fais et ce que je suis. Mon corps s'étire dans l'espace. L'intérieur de mon être est si relâché, si fluide qu'il n'y a plus d'intérieur et d'extérieur. Tous mes orifices épanchent leur liquide, mes pores ma sueur, mes yeux mes larmes, mon nez de la morve, ma bouche de la salive, mon cœur du sang, mes oreilles un silence liquide. Je suis au-delà de la vie et de la mort, je suis dans l'instant.

Ce matin, long zazen, je me suis concentré sur une centaine d'expirations pendant quarante minutes environ. Puis je suis allé prier devant la vierge noire de Manosque. Je l'ai touchée, embrassée, caressée. J'ai prié tel un chevalier qui demande la grâce pour ses hauts faits. J'ai pris un petit-déjeuner frugal. J'ai perdu trois kilos ces dix derniers jours pour me sentir léger. Je m'arrête une bouchée avant d'être rassasié. Je suis à la limite entre légèreté et hypoglycémie. Je fais mes assouplissements chez Robert en attendant qu'il règle ses affaires administratives qui le polluent. Je suis serein, le temps est l'inconnu de cette journée. En voiture, nous traversons de grosses averses. La vitre est recouverte de gouttelettes. Dans chacune d'elles, un rayon de soleil vient faire son nid. Le vent se lève et la lumière tremble de peur de perdre son refuge. J'ai besoin de temps pour voir que le miroir de l'escalade est en moi et non sur la paroi. Grimper est comme une prière. Je prends les prises avec amour. Je fais don de mon corps et de ma pensée. Je grimpe pour me rapprocher de la lumière. Je remercie le soleil d'avoir placé ces prises pour nous permettre de grimper jusqu'à lui. Je m'abandonne à la confiance. Mon attention est concentrée sur la respiration, la détermination, l'imagination, l'intuition. J'aime sentir cette envie primaire de grimper.

À Buoux, il ne pleut pas. Le sable du sirocco a lavé les prises, la pluie les a rincées et le vent les a séchées. La température est fraîche et clémente. Encore une demi-heure d'assouplissements. À l'échauffement, je bondis, je vole, mais j'espère ne pas m'envoler avec une bourrasque. Je travaille bien les remontées de pieds très haut en levant la hanche, les transferts de bassin, les équilibres, la précision des pieds et des doigts. Mon corps est relâché, proche de l'endormissement. L'énergie refait surface, elle finit par monter, elle vient de loin, elle vient de mes profondeurs. Je refais oralement les mouvements pour les expliquer à Robert. J'entame la voie comme si de rien n'était, tel un enfant intimement concentré dans son monde. Je suis puissant dans le premier blocage. La suite des mouvements est respiration, peu de pensées. Le pas sur le bidoigt et ça passe. Je sens l'énergie, je continue. J'expire dans les mouvements. À chaque possibilité, je me relâche. Avant le toit, j'ai une hésitation mais pas de séquelles de fatigue. Je suis comme dans un rêve. Je ne me pose pas la question de ma réussite. Je suis comme un souffle, juste sans hésitation, comme le vent. Je sais secrètement que je suis dans la bonne voie. Dans la dalle finale, je ne suis jamais tombé.

Je pénètre dans l'oreille minérale, je regarde Robert, je crie. J'ai beaucoup de mal à mousquetonner le dernier point, je suis fébrile, je vibre, je suis en transe. J'ai les doigts parfaits, pas d'épluchures de peau, j'ai effleuré les prises. J'ai grimpé comme si je faisais l'amour avec la vierge bleutée, pourtant, la roche de Buoux, je l'ai déjà grimpée, on se connaît, on s'aime toujours. Je l'aime à chaque fois comme la première fois. De retour du sommet, je remercie Robert, je le prends dans mes bras ; son calme, sa présence m'ont permis de réaliser cette voie. Son humilité aussi car il a absorbé mes crispations.

Il était une voie est toujours cotée 8c, c'est la voie la plus difficile que j'aie réalisée, le sommet de ma performance sportive. J'ai progressé jusqu'à cette ultime cotation, depuis c'est le temps de la descension. Il y a une suite à cette voie, le bombé final, je l'ai récemment équipé, c'est un pas de bloc pour les jeunes générations.

Chapitre 5

Je suis la flamme qui court sur la roche

Au milieu de la vallée, je suis seul au sommet du piton rocheux. Il est fait d'une roche tendre et douce, couleur chair, la molasse, que le temps sculpte comme un visage. Ses lignes ne sont pas agressives. Sa texture est poreuse, l'eau s'infiltre comme dans une éponge. C'est une roche qui résiste très bien au temps car elle est assez tendre, malléable, elle se laisse malaxer par les intempéries, c'est le cœur de la terre. Cette roche interagit avec les vibrations humaines. Les lumineuses sont reflétées, les ténébreuses sont absorbées. Ce piton insolite baigne tout le paysage. À son pied, les pierres de calcaire dures et cassantes sont un éboulis oublié.

Je suis posé sur une roche sédimentaire, un dépôt millénaire de petits animaux morts sous l'eau. De la base au sommet, je remonte le temps. Assis sur une colonne, je suis devenu un stylite et mon dieu s'appelle poésie. Je suis seul, silencieux, invisible, inodore, intouchable, transparent. Je suis un nuage que le vent va emporter. Je me dissous dans l'espace. Peut-être que je n'existe déjà plus. Le piton est une chandelle, je suis la flamme, ma vie se consume. Je suis une âme inspirée dans un corps aspiré. J'ai le désir de légèreté, de me soustraire à la gravité, je veux me déraciner, être un arbre qui vole, je me nourris de légèreté, fruits, légumes, poésie, spiritualité. Je mâche longtemps les aliments pour sentir leur histoire, je refuse les quelques bouchées qui vont me rassasier pour laisser de la place au vide, pour aller chercher ailleurs les éléments qui le nourriront.

Ils peuvent s'égorger tous en bas pour la richesse et le *star-system*. Je reste en haut dans ma falaise. À Buoux, le rêve est mon baromètre. J'existe dans ce lieu où les rêves se déposent en moi comme une offrande.

*

Je trouve des prises sur la paroi
L'espace entre les prises permet le mouvement
Je grimpe sur la paroi
Le vide de la hauteur me rend vivant
De mon corps je façonne un grimpeur
Le vide dans l'esprit en permet l'usage

Dans le dos de chaque grimpeur il y a le vide
Sans le vide le grimpeur existe-t-il ?
Dans la falaise il y a des prises creuses
Ces prises sont-elles un refuge pour mes doigts ?
Entre les prises il n'y a rien
Le mouvement naît-il de cet espace ?
Dans mon esprit je fais le vide
Mes pensées sont-elles plus pesantes que mon corps ?
N'y a-t-il pas de relation entre tous ces vides ?

En escalade je tiens bon et je lâche prise.

*

Le vent joue avec l'arbre, les branches chantent. Le son de la rivière monte, dans son chuintement ma pensée se dissout. J'expire profondément à la recherche du souffle. Nos chants accordés s'élèvent dans le ciel étoilé.

Le visible c'est une paroi de roc une surface que je peux palper, voir, sentir, attraper. C'est une matière, si je découpe une tranche de roc, il y aura toujours du roc. Qu'y a-t-il derrière la surface de la paroi ? Il y a une autre surface. Je ne verrai jamais que la surface du visible. L'invisible est là, je sais qu'il est là, dans le creux de la matière, au cœur du visible. Notre spectre sonore et visible est limité par certaines longueurs d'onde, de part et d'autre se trouvent l'inaudible et l'invisible, nous savons qu'ils sont là. On ne peut pas percevoir l'invisible si l'on ne possède pas un sens de l'invisible. Face à un mur, est-il possible de voir l'invisible en accommodant notre regard ? Je fais cette expérience dans la nuit noire, dans le silence, dans la respiration. Je vais concentrer mon attention non sur la sensation mais à l'infini de la sensation.

Je suis dominé par les sensations de mon corps. Mes sensations sont des messages. J'ai foi en mon corps. J'offre mon corps à la vie poétique, il s'agit du don de la seule chose qui m'appartienne. Le plus beau voyage est d'aller au fond de soi-même, c'est là que la vie devient unique.

Mon corps est une sculpture, mon âme est un poème. Je rêve et le chemin sera long. Je rêve ma vie. Je fais un pas de plus dans la vie. Mon rêve me permet de dépasser mes contradictions. Je rêve avec mon corps.

Je ne dois pas lâcher les rênes de mon énergie en furie. Sa violence est intense, je suis vigilant. Je sens en moi une grande énergie, une énergie d'extraversion qui me crée des buts. Mais un but est une cible, il est limité. Je ne peux pas tout donner. Si je me laisse emporter par mon élan, je m'emballe jusqu'à l'écœurement. Je grimpe dans un état proche de l'épuisement physique pour aller chercher encore plus loin au fond de moi une énergie qui n'est plus musculaire.

J'étouffe dans mon corps, je veux sortir par les pores de mes doigts. J'ai des nœuds de pierre dans mon corps. Je grimpe, mes membres s'étirent. Je rêve d'être plus grand que moi-même. Je frétille au contact du minéral. Mon corps sait mieux que moi ce dont il est capable. Je vois mon âme au-dessus qui dicte chacun de mes mouvements, ce n'est plus mon corps physique qui grimpe c'est un voile qui court le long de la paroi.

Je ne m'acharne plus à repousser mon corps, il a mis des millions d'années à surgir. Je n'ai plus le désir de soumettre ma nature charnelle. Je ne me flagelle plus, je ne suis plus un ascète.

*

Depuis 1986, je vis sporadiquement à la Cabane du berger, je suis descendu de mon piton rocheux. La Cabane c'est l'étage intermédiaire entre le sommet et le bas de la vallée. Depuis mon retour à Buoux, les prises flétries sous l'action de mes doigts sont devenues grasses, inodores, elles n'ont plus de vie. L'escalade a changé, elle n'est plus ce qu'elle était – ou est-ce moi qui ai changé ? Je n'ai plus envie de parler de voies. L'innocence a disparu, détruite par une polarisation excessive sur la difficulté. L'innocence, cela se préserve, il faut y veiller à chaque instant. Je perds mon intégrité à faire comme tout le monde.

Je sais pourquoi je ne me suis pas suicidé, c'est parce qu'il y a trop de rêves que je veux réaliser.

Je passe toute la journée au lit à dormir, à écouter l'orage et lire. Voilà déjà quelques semaines que je reste perché dans ma falaise, seul à la Cabane du berger comme les gens de ce pays la nomment. Un petit sentier me permet de rejoindre la vallée. La civilisation dans laquelle je me rends parfois pour ma subsistance alimentaire, j'y rencontre des humains.

La Cabane se situe dans le creux d'une immense baume entre la terre et le ciel. Au-dessus de moi, la paroi surplombe, corps jaune rayé par des dégoulinures bleu ciel. En face, un panorama éblouissant, lieu de mes promenades imaginaires. À droite, il y a le fort, perché comme un vaisseau fantôme traversant les âges. Vers l'est, la montagne qui ne pouvait rien dire, et le mont Carie avec sa route de terre creusée au bulldozer. Je me sens en paix avec moi-même dans ce monde si étrange, si vibrant, si prenant, si naturel.

La brume se dissipe, je découvre sur le rivage du paysage, une proue qui déchire l'espace, un vaisseau-pierre au-dessus de l'abîme. Ce roc protecteur vogue vers la lune. Ses lignes courbes m'imposent le repos. Je suis aspiré, plus rien ne compte pour moi que monter à bord de cet élan irrésistible, irraisonnable. Je m'élève au-dessus de la mer de nuages, juste assez pour ne plus être imbibé de ce brouillard de pensées glauques qui s'insinue au fond de moi-même. Je vogue dans le plaisir, je vois le paysage à mon image.

Je suis directement en contact avec le vide je le regarde en face. En solitaire, il n'y a qu'une seule voie celle de regarder la vie en face. Il faut regarder droit dans la vie. Mon vide est aimant, amant, diamant, il hante, attire, aspire.

Mais qui êtes-vous qui parlez ainsi avec cette voix qui n'est pas d'ici ? Répondez, ô vide qui faites trembler mon visage. Ô vide sans ombre, nous sommes compagnons. Partons grimper !

Je vois mon corps composé d'une multitude d'alvéoles. Comme la pression de l'eau dans les vacuoles des plantes, c'est par le vide dans mon corps que je me verticalise.

Le vide est là, je l'apprivoise, je joue avec lui. Si j'ai peur du vide je tombe. La peur n'est pas que danger, la peur est conscience. La conscience du danger ne doit pas aboutir à la peur mais à sa maîtrise.

Je pressens le jour de ma petite mort, le jour où ma pensée sera si concentrée sur le vide qu'elle n'existera plus. Si mon esprit est vide, sur quoi repose ma pensée ? Ma pensée vient-elle du vide ? Une pensée est reliée à celle d'avant et à celle qui va suivre. Si je coupe le fil de mes pensées, elles tombent dans le vide.

Je fais le vide afin que le monde chante à travers moi. Il faut des vides dans mon corps pour danser dans mes espaces intérieurs. En ne disant pas tout, l'artiste laisse le spectateur pénétrer dans son rêve.

Le vide ne se comble pas avec de grandes pelletées frénétiques, il se nourrit d'invisible. En nous, il y a un vide que l'on essaye désespérément de combler avec des nourritures terrestres, mais ce vide est un abîme qui absorbe tout car il est la démesure.

J'ai si bien fait le vide en moi que je suis un étranger à moi-même, c'est maintenant un autre qui vit en moi. Je deviens le lieu de la réalisation du rêve des autres. Je ne vis plus pour moi-même. Le vide m'habite, un puits sans fond où seul sera perceptible le profond va-et-vient de ma respiration muée par l'énergie qui est en toute chose, celle qui fait vivre le cosmos. Je suis vécu par le cosmos. Le cosmos vit en moi.

Ce matin, en partant à la recherche d'un compagnon de cordée, je me suis arrêté près de la cascade bouillonnante de silence de l'aigue bruissante. Je me blottis dans une alvéole rocheuse, les yeux fixés dans le grand fleuve bleuté près du rivage solaire. Mes larmes sont sorties, je ne les attendais pas. J'observe un merveilleux spectacle fait d'une multitude d'arcs-en-ciel, je ne vois plus ni le soleil ni le ciel. Je vois la vie aux couleurs de l'arc-en-ciel.

C'est la nuit. Je suis allongé sur mon lit, le téléphone sonne, je ne peux répondre, je n'existe plus. Face à moi, une chandelle droite dans le noir éclaire le lit de sa flamme ailée. C'est dans l'expiration que je meurs à moi-même. C'est dans l'inspiration que je renais. Au sommet de ma nuque, une bouillante densité s'impatiente de s'élancer. Soudain, une gerbe de sang lumineuse jaillit du corps de la flamme. Des torrents de lave lacrymale déposent et charrient un sel brûlant de lumière. Des émanations gravent une flamme au creux de ma chair. Par sublimation, mes larmes s'exilent vers leur demeure céleste. Par trois fois, un éclair foudroyant déchire mon espace cérébral. Mon cœur s'emballe, mon corps tremble, une puissante étoile est née, m'illuminant de l'intérieur.

Dans le ciel il y a des pelotes. Le vent file et défait les nuées. Lorsqu'un nuage passe, je fouille pour y découvrir un fil cotonneux, je le tire pour me faire un pull que je porterai à fleur de peau.

J'ai introduit la lame dans la faiblesse d'une coque de noix. En vrillant mon couteau, j'ai ouvert en deux la dure écorce superficielle. Je me suis nourri de la substance du noyau. Puis j'ai mâché lentement et minutieusement la chair. J'ai placé une coque à même le sol, au centre je m'y suis planté, droit comme un mât, ferme et flexible comme une branche. Je me suis dépouillé de tous mes vêtements et j'en ai fait une voile. Pour ne pas dériver, mon âme s'est mise à la barre. Lorsque l'essence de moi-même s'est imprégnée dans tout mon être, de mes yeux des cascades de larmes se sont déversées. La barque s'est mise à flotter et ma respiration m'a emporté sur le torrent de la rivière lacrymale. Du fleuve, nous avons rejoint la mer, et enfin l'océan qu'il y a au-dessus de nos têtes. Dans l'immensité bleutée du grand océan céleste, nous sommes comme des vagues qui transportent la lumière dans leur sourire. Elle fait frissonner le visage des humains. Toujours, la vue des étoiles me fait simplement rêver. Les étoiles ont tissé une toile à histoires.

Dans le profond de la nuit, un petit vent froid et sec me picote le visage, il me pénètre, il m'irradie de nombreux frissons. Ma vie est comme cette étoile filante, je ne sais pas d'où elle vient ni où elle va. À peine vue elle n'existe plus. Je caresse la bougie, la flamme se gonfle de lumière. La flamme danse dans le noir, vibrante, elle s'étire vers le haut. Comme moi, la flamme a besoin d'air. Mais qui vient de l'éteindre ? Ce n'est pourtant pas le vent. La flamme est montée trop haut et la bougie s'est brûlé les ailes. Une petite fumée s'élève.

La lune est toute là, pleine. Mes yeux blancs globuleux sont exorbités. La lune me crucifie au rocher. J'appartiens à la lune. Ma tête brûle. J'expire fort, je suis aspiré. La lune m'inspire et m'attire. Mes pensées sont comme ces petits nuages dans le ciel que le vent emporte. Une araignée est passée par là et de longs fils lumineux me hâlent dans l'espace. Je pars et le ciel limpide m'appelle. Je monte, je me rapproche de la lune comme un aimant. Emporté dans les abîmes de mon souffle, je m'élève. Comme en montagne, mes oreilles se débouchent, les portes du silence s'ouvrent. Je suis aspiré dans un œil de lumière. J'ai le cœur qui bat fort. Une autre respiration est née, c'est une respiration lunaire, à chaque expiration le monde renaît. Je m'élève haut, très très haut. Je vois mon corps loin, trop loin. J'ai peur, je veux rentrer. Je veux retrouver mon corps. J'ai peur d'errer dans les hauteurs sans arriver à me retrouver. Une larme coule sur ma joue puis dans mon cou. Une autre s'attarde entre mes cils et scintille comme l'éclat d'un joyau. Les larmes coulent le long de mes joues comme les gouttes de cire sur le corps de la chandelle. Je me consume. Je m'enflamme. L'aube arrive, une dernière larme se dépose comme la rosée à l'aurore. Je suis un nouveau jour.

Et si les forces qui nous aspirent vers le haut devenaient plus fortes que celles qui nous enracinent ?

La pierre vient du passé de la terre. Dans le vent, le temps futur arrive. Dans l'instant présent je suis mon corps grimpant.

L'action du rêve est d'agir dans mes profondeurs ; le rêve est une graine que nous devons arroser de larmes plantées dans un corps humble comme dans une terre humide, la fleur c'est la vie. Je suis responsable des rêves que je plante car ils se réalisent. Mon rêve est toujours en avance sur ma vie. Le rêveur est transparent et c'est à travers sa transparence que rêvent les mondes. Je deviens ce que je rêve. Je ne m'inquiète pas de ma vie, je m'inquiète de mes rêves.

Mes mains et mes pieds sont des pinceaux, la paroi est la toile sur laquelle je peins ma vie. La prise est-elle un appui pour grimper ou une source lumineuse ? Les doigts dans la prise j'alimente ma lumière. Comme une chandelle, mon corps est mon combustible. Je suis la flamme qui court sur la roche. Fermement accroché à la mèche minérale, mon mouvement enflammé est tendu vers le ciel.

Je me sens observé. Près de moi, il y a le feu. Je n'ai pas peur depuis que le mistral a emporté les nuages dans ma tête. Je suis rentré dans ma cabane remettre quelques bûches dans mon phare, il signale ma présence dans la nuit. Ce soir la lune s'est levée brutalement, elle est resplendissante derrière son voile. C'est la dernière lune, demain on ne la reverra pas. J'entends des tam-tam dans la nuit qui rythment ma voix intérieure. La sincérité envers soi-même, la franchise envers les autres n'est-ce pas la meilleure relation ? La moins fatigante ? Mentir demande de l'énergie.

Je résulte de l'association violente entre ce que je suis et ce que j'aimerais être. Parfois, je descends de mon perchoir où je suis entièrement seul. Près de la piscine de l'Auberge des Seguins, je m'allonge sur la dalle de pierre encore brûlante du soleil, l'ombre approche et la foule disparaît. Mes yeux rasent l'eau, j'observe la surface et la fine pellicule de lumière. Mes yeux bleus parcourent la surface de l'eau débordante d'émotions. Le bleu du ciel se reflète à la surface de l'eau comme de grands yeux bleus huileux. Cercles difformes qui s'ouvrent et se referment au gré des mouvements d'eau. L'ombre se rapproche. Mon corps s'assombrit, mes orteils, mes pieds, mes mollets mon corps frissonnent. Le soleil a disparu, il n'y a plus de bleu, plus de ciel. L'apparition de la nuit dissipe le reste des formes et prend possession de la surface. Surgissent alors des yeux noirs plus éclatants encore. Je regarde les reflets de ces yeux dont l'esprit s'est évaporé. Près de ces yeux, il y a mes yeux qui crient. À côté de la vie, il y a ma vie qui crie.

Chapitre 6

Le défi au bout des doigts

En 1982, le Saussois est la falaise de nos week-ends. Après quelques essais, je réalise la cinquième ascension de *Chimpanzodrome*, 7c+. C'est une voie libérée par La Mouche, un ancien gymnaste, grimpeur très agile. Avec Jean-Claude Droyer et Laurent Jacob, il libère des voies d'escalade d'artificielle, enlevant les pitons qui servaient à la progression afin de pouvoir utiliser les trous comme prises. L'escalade libre s'invente, chaque grimpeur est moteur de l'évolution de l'escalade. Il y a des tensions entre les nouveaux grimpeurs de libre qui dépitonnent les voies et les grimpeurs traditionnels qui ne peuvent plus grimper dans ces voies dépouillées des points d'aide artificiels.

En septembre, avant la rentrée universitaire, je pars dans le Verdon. J'ai le désir fou d'aller essayer *Fenrir,* une nouvelle voie que Patrick Edlinger vient de coter 8b et qui fait la Une des magazines d'escalade. Ce serait fou de la réaliser ; comment oser ? Je rencontre Éric Escoffier au bar de La Palud-sur-Verdon. Sous son impulsion, nous allons essayer *Fenrir.* Nous sommes motivés, l'émulation entre nous est grande et saine. Pendant une semaine nos rendez-vous quotidiens sont calés et nos motivations se complètent. Éric m'encourage à me surpasser. Il a de grands projets d'escalade en montagne, il s'y prépare, il est sans complexe.

Après quatre jours d'étude et de travail des mouvements, je réalise la seconde ascension en libre. C'est une performance extrême pour moi. J'ai dépassé mes limites. Je comprends qu'un challenge m'apporte du plaisir et me permet de mieux me connaître.

Je décote la voie de 8b à 7c+. C'est la cotation la plus haute que j'ai atteinte. J'ai décoté cette voie pour que le tout médiatique ne prenne pas le pouvoir sur la performance sportive. Les journaux d'escalade passent sous silence la réalisation d'un jeune de 17 ans. J'en souffre, je suis un sportif qui a besoin de reconnaissance. Je ne suis pas le seul à souffrir de cette injustice, Marc et JB la subissent aussi. Laurent est au-dessus, Fabrice ne dit rien.

Fenrir est toujours coté 7c+. Éric Escoffier, devenu alpiniste médiatique, a disparu en Himalaya sans que nous ayons pu évoquer nos souvenirs communs. Il m'a aidé à oser.

*

En 1982, *La Vie au bout des doigts* vient de sortir. Edlinger est une star : le film est si bien fait, Patrick est si beau, il grimpe si sensuellement ! Son état d'esprit est en accord avec le retour à la nature. Il nous séduit et c'est bon. Beaucoup de grimpeurs ont commencé l'escalade après avoir vu ce film. Il promeut des belles valeurs de l'escalade libre, la passion, la simplicité, le plaisir du geste, l'exigence. Il dit que « l'escalade est une danse » mais que reste-t-il de cet esprit aujourd'hui ?

Patrick Edlinger est connu, il fait briller l'escalade libre sur toute la planète et nous, nous devenons des grimpeurs qui font comme Patrick. Une star est un trou noir de la communication. Je me rends compte de la différence entre la réalité sportive du terrain et le récit que les journaux en font. Lorsque nous, les « autres grimpeurs », nous permettons une remarque, nous sommes immédiatement traités de jaloux – comme vous pouvez encore le penser en lisant ces lignes. C'est délicat de parler d'une star, vous avez tellement rêvé à son propos. Je choisis ici de dire ce que je ressens et qui a façonné ma vie.

Patrick est devenu le personnage de *La Vie au bout des doigts*, cette image lui colle à la peau, il est devenu le gardien de son image. Dans le film, Edlinger emprunte les mots de Berhault : « Je ne fais pas de solo sur commande », mais il grimpe en solo avec plusieurs caméras autour de lui. Est-ce un documentaire où une fiction ? Les deux à la fois, et c'est ce qui fait sa puissance.

Je ressens que Patrick souffre de s'accrocher à son image. Je ne veux pas de ce décalage entre mon image et moi-même. Être ou paraître, c'est la question. C'est donc à moi de refuser cette place. Si on tente de me mettre sur un piédestal, je pose des questions. Je ne veux pas être connu mais reconnu pour mes performances.

Nous nous sommes plusieurs fois croisés avec bienveillance et, jusqu'à la fin de sa vie, Patrick m'a répété : « Tu vois je n'ai pas changé, je suis toujours amoureux de l'escalade. »

*

Au printemps 1983 je grimpe aux Eaux Claires, en Charente, avec Marc et JB. Nous essayons chacun notre tour *Crépinette*, un des premiers 8a. C'est une voie courte en dalle et très teigneuse. On a des difficultés à faire les mouvements. Fabrice nous regarde allongé dans l'herbe, il a de la fièvre. Soudain, dans une impulsion, il enfile ses chaussons, se lève pour grimper, enchaîne la voie et retourne se coucher. Une étoile filante ! Fabrice est très fort dans les mouvements explosifs. Nous sommes impressionnés.

En août, à Mouriès, dans les Alpilles, je travaille ma nouvelle voie *Le cœur est un chasseur solitaire*, 8a. Je me suis écarté de la bande des Parisiens pour ouvrir cette voie dans un nouveau secteur. Ce titre, emprunté au livre de Carson McCullers, me correspond. Je suis un amoureux qui n'arrive pas à partager sa passion. Je réalise la voie en six jours. Le premier, je trouve les mouvements ; le deuxième j'affine les placements de mon corps, des doigts, des pieds. Le troisième jour, j'enchaîne des sections de la voie avec des repos. Je grimpe chaque mouvement avec le précédent et le suivant pour les lier. Je grimpe plusieurs fois la fin de la voie en étant fatigué pour mieux prendre conscience des sensations et de la difficulté de l'enchaînement.

Puis je me repose deux jours : une journée pour récupérer, reposer les tendons et la peau des doigts ; la seconde pour laisser monter le désir de grimper. Pendant ces deux jours je m'allonge, je m'imagine dans la voie, grimpant à la perfection. Le sixième jour, je grimpe pour le plaisir de réussir. J'ai soif de grimpe, j'ai les crocs. Tel un fauve, j'ai dans la bouche le goût du sang de la passion. Je me contorsionne, je fais des « lolottes », un pied en carre externe pour venir me coller au plus près du rocher. Cette pose de pied permet aussi de moins crisper sur les bras qui s'allongent. La « lolotte » est mon mouvement préféré. J'adore cette position de profil.

La voie réalisée, je file au Verdon.

Patrick Edlinger essaye *Sale temps pour les caves,* 8a, mais un mouvement lui résiste. Je suis attiré par la première ascension et lui demande la permission de l'essayer. Avec son accord, je fonce dans la voie et trouve la clé du problème avec un mouvement complexe : l'index en inversé puis en rotation avec le coude montant. Je me sens créatif pour déchiffrer la partition minérale. J'aime contorsionner mon corps pour aller à la prise suivante. Je la réalise en quatre jours. J'aime faire une première et, qui plus est, une voie que Patrick n'a pas réussie.

Avec Marc on prend un temps ensemble pour partager notre passion et nous trouvons des spits pour aller ouvrir une voie, très engagée comme notre relation. Nous réalisons l'un après l'autre la première des *Fils de la terre et du vent,* 7b+. L'ordre n'a pas de sens. C'est une première collective.

*

Février 1984. J'ai 19 ans et mon frère 17. Un jeudi soir après la fac, on file ensemble vers la falaise du Saussois. Après une nuit glaciale dans la voiture, le réveil est pénible. Pour se réchauffer, nous allons jouer au baby-foot au café, on est bouillants d'impatience de grimper, trop pour le patron qui nous expulse. Le temps est clément mais toujours aussi froid et la falaise est déserte. On s'échauffe en footing avant un premier essai sur *Le bidule,* plus difficile que tout ce qu'on a fait jusque-là. Tous les mouvements sont réalisés, l'ambiance est détendue, on est tous les deux hyperexcités. Pour ne pas repasser une nuit aussi sordide, on décide d'aller dormir à une cinquantaine de kilomètres de là, chez les parents de JB. Marc a piqué deux bonnes bouteilles de vin, on est très bien reçus. Le lendemain, retour à la falaise avec David et JB. Avec Marc, on s'échauffe dans la première longueur de la *Maestria*, 7b+, et on réussit tous les deux la seconde longueur au premier essai. Puis on installe notre camp de base (musique et nourriture) au pied du *Bidule.* On y passe l'après-midi. Marc la fait en second avec un repos, il est très confiant. Je réalise tous les mouvements sauf le plus dur – je ne domine pas le jeté.

Dimanche, à midi, nous sommes de nouveau au pied de la voie, les séries d'essais s'enchaînent. Le premier jeté me résiste. Vers 17 heures, Marc réussit *Le bidule.* Tout le monde est supercontent, des grimpeurs applaudissent. Cette réussite me donne un coup de jus : l'essai suivant, je réussis le pas le plus difficile mais je tombe juste après, par manque de conviction. Je ne l'accepte pas. Les essais suivants seront lamentables. Marc rentre à Paris avec des grimpeurs. Je décide de ne pas retourner à la fac et de rester avec JB et David.

Le lundi matin, je me sens reposé malgré une nuit cauchemardesque. On s'échauffe dans *L'eau fraîche.* Je suis bien mais le premier jeté du *Bidule* me résiste toujours. Je ne comprends pas, je sais que ce n'est pas une question de force, j'ai réussi une fois le mouvement. Psychologiquement, je suis bien, c'est donc une question de sensations. J'essaye différentes positions du corps, des bras… en vain. Parfois je me décourage mais j'insiste jusqu'au bout. JB monte deux fois au-dessus du jeté mais il ne possède pas bien le haut et change plusieurs fois de technique.

Le jour décline. À ma cinquième série de jetés, je sens un petit quelque chose. JB me dit que j'arrive trop vite sur la prise, les deux essais suivants je ne jette plus mais conduis mon mouvement et enfin attrape la prise, je tombe après le mousquetonnage. Je suis au bord des larmes, je n'en peux plus, il va faire nuit et je suis trop fatigué. Je me suis ouvert le doigt, j'ai mal. Je me repose pendant que JB fait une série d'essais. La hargne monte, j'en veux à fond, je suis hyperconcentré et gonflé à bloc, je crie pour me donner du courage, il est 17 h 30, il fait presque nuit au pied de la voie, c'est le dernier essai. J'en veux jusqu'à la mort, je deviens un monstre de volonté, j'ai la haine de l'échec.

Je m'élance et je réussis.

C'est le délire, j'explose de joie, je crie de victoire, je suis en transe, mon corps vibre, je suis heureux. JB par l'émulation est à nouveau gonflé à bloc, je l'encourage, mais il tombe très haut, il est malheureux. Il réalisera la voie le lendemain. Ne pas tomber après le passage le plus difficile deviendra ma force mentale.

Le bidule fut-il le premier 8a+ de France ? On l'a attribué à Patrick Edlinger, sûrement du fait de sa renommée après son ascension de *La boule* à la Sainte-Victoire. Mais on ne connaît pas la date de sa réalisation, et pourquoi chercher un seul premier ? Un collectif ce ne serait pas mieux ? J'attribue le premier 8a+ français à Marc Le Menestrel et Patrick Edlinger.

*

Juin 1984. La bande des Parisiens est à Mouriès. Lolo s'est cassé la jambe en tombant en solo au pas clé de *Big mac*. Je n'en parle pas, c'est tabou.

On dort face au ciel. Ce soir la lune est belle, je la trouve attirante, elle éclaire le sol, les objets se révèlent par leurs ombres. D'impalpables nuages rouge orangé, dessinent mes désirs. Une auréole lumineuse protège cette lune, le silence me protège. Un vent fou fait tourner la tête et porte des senteurs de terre, de thym, de romarin et d'autres encore inconnues. Le vent, qui nous a bousculés toute la journée, ce soir me caresse le visage, je frissonne, mon cœur bat. Je suis esclave de mes désirs, je m'y accroche à pleines mains pour m'enivrer de plaisirs. Je suis avide de sensations. Je respire, je sens, je pense, je vis, la vie me traverse, je suis une sensation.

Je suis réveillé très tôt par un cauchemar, j'ai le spleen.

Je file travailler *Fleur de rocaille,* 8a, un monument de complexité gestuelle ouvert par Laurent Jacob. Je suis impressionné par la difficulté, j'arrive à peine à enchaîner la section dure, puis la traversée me pose beaucoup de problèmes ; cinq blocages atroces, impossible d'en enchaîner deux. Je n'arrive pas à tirer sur mes doigts c'est physique j'ai mal à chaque blocage, la douleur me fait lâcher. Je finis par rechercher le mouvement de moindre effort, la complicité avec les prises me permet une multitude de combinaisons gestuelles. Peu à peu, les mouvements se font plus limpides, moins durs, j'apprivoise une bête sauvage. Si je m'accroche trop vite les prises me fuient. J'approche à tâtons.

Je réussis *Fleur de rocaille.* Ayant eu accès à mon désir, j'arrête de grimper pour la journée, j'assure Séverine dans *Sentimental bourreau,* 6a+, qu'elle réalise à vue ; c'est bien de ne pas grimper que pour moi et d'avoir du temps pour accompagner ma sœur.

Avec Marc et Séverine, nous montons à la falaise du haut. Séverine va essayer d'enchaîner *Gloubiboulga,* 6b+. C'est le grand moment de la journée. Sous la pression, elle a le trac, le cœur qui bat. On la motive, on la met en confiance. Elle part grimper et je l'assure, j'ai les mains moites, je vis son ascension et je tiens sa vie dans mes mains. Ses premiers pas sont hésitants, elle est crispée, très crispée. Un mousquetonnage difficile, un pied qui ripe mais elle se décontracte sur chaque bonne prise. Avant le pas difficile, on l'invite à se relâcher. Elle redescend un peu, hésite ; elle n'arrive pas à repartir. Enfin la dernière protection au-dessus du pas. Elle est déjà tombée là, j'ai le cœur qui bat. Fabrice et Laurent, nous rejoignent. On échange des regards, on prend tous à cœur cette ascension, on ne tient plus en place. On sent Séverine crispée, on la motive, elle n'a plus confiance, elle ne se souvient plus des mouvements. Un pied gauche mal placé, un blocage mal engagé, elle tombe. Tout le monde est hyperdéçu. Instant de silence pesant après le brouhaha d'encouragements. On la réconforte, on est de vrais coachs. Elle se repose et, peu à peu, on lui redonne envie de se battre. La motivation remonte avec le soleil qui se couche. Elle a l'envie, la hargne. Elle réussit la voie grâce à nos encouragements, tout le monde soupire puis disparaît. C'est comme si j'avais réussi, je suis super-heureux, Séverine encore plus ; on s'embrasse, on s'aime, et on profite ensemble de cet instant.

*

On part en voiture avec JB pour le Frankenjura, en Allemagne. Quel genre de falaise allons-nous trouver ? Quel style, quelle difficulté ? On est excités comme des gamins qui attendent un super-jouet dont ils ne sont pas sûrs de pouvoir se servir. On veut tout bouffer, grimper, toujours grimper, sans un jour de repos. On partage la même motivation et un certain ascétisme : un repas le soir, une soupe, trois œufs, une compote. Dix heures d'escalade par jour, douze heures de sommeil et deux heures pour manger. On veut faire toutes les belles voies mais aussi les plus dures. Plus rien ne traverse ma tête, juste des envies de voies, de mouvements, de falaises. Seul mon corps retient mon attention. JB écrit ses mémoires, il en est à 243 voies de 7.

Au soir du quatrième jour, j'écris l'histoire de ma dernière voie.

Imaginez une superbe dalle, trois rings, pas de magnésie, aucune prise visible, une difficulté abordable. C'est la dernière voie de la journée, je suis un grimpeur fatigué qui a les doigts usés mais qui a encore soif d'escalade. Le soleil se reflète sur le miroir minéral, des gouttes sillonnent mon visage, mes mains sont moites, trempées. J'ai grimpé beaucoup de voies dures aujourd'hui mais j'ai encore envie. Cette voie est tellement belle, je ne peux me la refuser, juste une dernière et je me reposerai. Je commence l'escalade, un gratton main gauche avec un pied glissant. J'arque main droite, je jette puis rejette plus loin, toujours plus mauvais, c'est la chute, un doigt en sang, le corps n'a pas voulu comme pour arrêter mon élan trop volontaire. Mon désir voulait s'imposer à mon corps. Mon corps n'a pas accepté mon désir et je l'ai forcé. Je comble la chiquette avec de la pommade, beaucoup de pommade, des bains de pommade.

Dimanche, direction Gossweinstein, une centaine de kilomètres plus au nord, au-delà de Nuremberg. Il y a beaucoup de monde sur la falaise et les grimpeurs, quand ils chutent, laissent leur corde sur le dernier point pour essayer d'enchaîner à nouveau. L'éthique des grimpeurs allemands leur permet seulement d'étudier le mouvement dans lequel ils sont tombés. C'est une technique un peu laborieuse et égoïste car, en laissant leur corde dans la voie, ils empêchent les autres grimpeurs d'essayer. On s'arme de patience et on finit par grimper *Kalauer* à vue.

On va voir *Ekel*, la voie la plus dure du Frankenjura. Notre éthique française nous permet, avec l'aide de la corde, d'étudier les pas en détail. Je réalise tous les mouvements et trouve, grâce à notre pratique, une super-astuce : un crochet de pied qui évite un gros blocage très dur. Au lieu d'essayer d'enchaîner, j'y retourne en second pour optimiser les mouvements, les blocages et les techniques. JB ne peut pas travailler car il a trop mal aux doigts. Je ne veux pas essayer d'enchaîner la voie par esprit d'équipe, c'est important quand on grimpe à deux. On est partis ensemble pour trois semaines et il ne faudrait pas qu'il y en ait un qui commence à perdre confiance. Le lendemain, on enchaîne ensemble, on partage notre réussite.

Dans cette nouvelle falaise, il n'y a pas de voie pour s'échauffer, juste quelques blocs, un 6b et un 6c tout petits. C'est mon tour d'y aller en tête, je me lance dans *Geth*, 7c, la seule voie où il y a peu de magnésie. Dès le départ, un pas de bloc, une décharge d'adrénaline. Un bidoigt infâme dans chaque main, un gratton pied droit remonté très haut, un pied gauche en appel dans un trou fuyant, je jette le corps dans le vide. Au-dessus, une dalle quelques touches de magnésie éparses. À plusieurs reprises, je monte sur deux bonnes prises de pieds avec un monodoigt d'une demi-phalange main gauche. Je me tends, mais la prise est 5 centimètres plus haut, il me faut alors remonter les deux pieds sur les bords de trous minuscules, je n'ose croire qu'ils tiendront. Question de confiance. La tenue de pied se joue dans la tête. Plus je pousse sur la prise de pied, plus l'adhérence est forte.

J'ai osé des mouvements très aléatoires, intrépides. C'est mon premier 7c à vue, je suis heureux.

Le soir, on dîne, on parle de nos projets sur les traces de Jerry Moffatt. On veut réaliser *Chasin' the train*, 7b+, à vue, et surtout *The face*, la voie la plus dure d'Allemagne, cotée 8a. C'est le but de notre séjour on ne partira pas sans l'avoir faite.

Ce matin lors de la marche d'approche vers *Chasin' the train*, les conditions sont optimales, je sens mes cuisses légères, mes mains sont sèches. J'ai le pressentiment qu'on va réussir tous les deux, l'un après l'autre. JB s'encorde et s'apprête à partir le premier sans rien demander. Je le lui fais remarquer : il faut purger la tension. C'est une première française et JB a l'impression qu'elle lui revient plus qu'à moi. Le conflit éclate, les arguments volent. JB a une optique sportive : pour lui, pas d'ex aequo, seule la première sera retenue dans l'histoire. Pour moi, l'important c'est qu'on fasse cette ascension tous les deux. En escalade, un grimpeur contribue à la réussite de l'autre, cette première doit être collective. J'ai eu besoin de le dire au nom de notre amitié. On tire au sort pour savoir qui va partir le premier, je gagne et JB me fait une petite scène comme quoi il perd toujours. Le moment est tendu, je cède la place à JB pour que le conflit n'endommage pas notre relation. Nous allons passer un mois ensemble !

J'assure dos à la falaise sans regarder JB, c'est désagréable et rompt la complicité entre assureur et grimpeur, mais c'est le jeu du à vue, une règle sportive qu'on s'impose à nous-mêmes. On réussit tous les deux *Chasin' the train à* vue, grande classe. On est heureux.

Après une nuit dans un parking, comme d'habitude, nous voici au pied de *The face*. Le mur est très impressionnant. On s'échauffe sur de belles voies de 6c puis on attaque *The face*. Les premiers pas sont très physiques, déroutants et demandent beaucoup d'influx, les prises de pieds pratiquement inexistantes. Peu à peu, on commence à sentir les mouvements, à les apprivoiser, ils sculptent notre corps. Vers 17 heures, on enchaîne déjà en plusieurs sections. Un mouvement me repousse, je pense que c'est un problème d'allonge, mais c'est une excuse.

Ce matin, il fait chaud et lourd, l'orage gronde. J'espère que la pluie nous arrêtera une journée, j'aimerais retrouver l'influx. On écoute Mike Oldfield, sa musique envoûtante me fait vibrer, puis Klaus Nomi, et son délire langoureux et imaginatif.

L'échauffement n'annonce pas grand-chose, aucun influx, mon envie d'essayer la voie diminue, je me sens mou, le bras gauche fatigué. J'attribue mon manque de motivation à l'angoisse d'aller essayer cette voie, c'est classique chez moi, je ressens de la lassitude, les rythmes sont perturbés par la pluie. Vers 15 heures, nous allons dans *The face*, je me sens mal, ça n'explose pas, il me manque un déclic, je n'arrive pas à me réveiller, je suis dans mon corps comme un ermite dans sa grotte. JB tombe au mouvement dur à l'extension main droite, il grimpe pourtant bien, ses chaussons sont bien affûtés. C'est mon tour, je me prépare lentement et cela me permet de me concentrer, je passe du temps à bien nettoyer mes chaussons. Les premiers pas s'enchaînent bien, les pieds crissent sur le rocher, les prises ne sont pas grasses, la pluie a fait son œuvre. Mes gestes sont parfaits, je connais bien les mouvements. Premier blocage bien maîtrisé, puis décontraction, JB me donne confiance, réussir ce premier essai est possible. Je me concentre, c'est reparti, je passe à merveille, je le sens. Pas une hésitation de pied. J'arrive en haut un peu fatigué, heureux d'avoir réussi un rêve : celui d'enchaîner une voie à la perfection. Je suis fier de ma réussite, heureux d'avoir offert un beau spectacle. Un 8a au premier essai, du jamais-vu pour moi. JB essaye d'enchaîner. À chaque tentative, il tombe plus haut, grimpe mieux, mais il est aussi plus fatigué, moins joyeux, moins hargneux. Je suis sûr que demain, il pourra enchaîner car il domine. Mais demain, quelque chose ne sera plus là, il n'y aura plus le plaisir à ce que l'on fasse tous les deux la voie le même jour. JB est plongé dans ses écrits, je garde les yeux fixés sur ma feuille.

Comme chaque matin depuis notre arrivée, on s'échauffe dans les quatre voies en 6c de la falaise puis direction *The face*. JB est confiant et démarre. Il maîtrise toujours autant, position de repos, une bonne décontraction, le pas dur réussi à la hargne, une section plus facile, dernier blocage. Il ne reste qu'un mouvement peu difficile, les pieds sur la paroi lisse. JB est un peu fatigué, la prise est loin, il redescend essaie à nouveau, il doute, il crie : « Noonnn je vais tomber ! » Puis, avec un *arrgggg* de désespoir, il se lâche sans même essayer le mouvement. La fatalité psychique l'a emporté sur l'envie de réussir. Il devient une solitude. Il est démuni devant ce problème si extravagant. Il va marcher, se calmer, reprendre son souffle, le goût à grimper.

Cela me prend tellement que je n'ai pas envie de grimper, seulement partir, plier bagage, m'enfuir, tout oublier. Je suis moi-même perdu. Je grimpe pour extérioriser, je me lance dans la voie juste à droite, *Cool Ehh,* 7b+, une dalle à petits trous que je fais à vue, très calmement. Concentré, je mise sur l'instinct et la première intuition.

JB est toujours crispé mais décidé à réussir. On retourne placer les dégaines dans *The face*. Le temps est clément, pas trop chaud. JB réalise une ascension sans accroc, pas un pied mal placé, pas un blocage mal agencé. C'est une ascension sans bruit, juste l'homme et sa voie, un compte qu'il règle seul à seul, avec sa conscience. Une ascension sans haine. Je suis présent mais silencieux, juste un mot d'encouragement au pas clé, je suis là pour assurer. JB réussit brillamment.

Un gâteau s'impose. Nous sommes fatigués, on ne mange plus assez. J'ai un pouls à 44 un poids de forme à 57 kilos. Nous nous sommes sentis comme des missionnaires en révélant notre manière de grimper à la française. Il est temps de rentrer.

*

En juillet 1986, j'ai lancé des projets à Paris, murs d'escalade, articles, photos, mais je m'évade avec Fabrice pour grimper dans le Jura. Nos motivations nous rassemblent.

Je connais comme Fabrice, la peur de chuter, mais je la court-circuite par un engagement total dans le mouvement. La peur n'a plus de place pour exister. J'ai tendance à me sous-estimer, à perdre confiance. Ma confiance passe par mon corps, je dois beaucoup grimper pour sentir mon corps, sentir le rocher, être empli de sensations et prêt aux grandes performances.

La falaise s'appelle le Trou de la Lune. Le premier jour, il a plu et nous nous replions sur des minivoies de 5 ou 6 mètres. Nous rigolons comme des enfants à inventer des mouvements incroyables pour éviter les prises mouillées. Un jeté à partir d'un crochet de talon, les pieds en pince de crabes. Fabrice n'essaie pas de la grimper en libre, il fait exprès de tomber. Réaliser la voie ne l'intéresse pas, jouer lui suffit. Moi, j'ai besoin de réussite.

Il pleut, on mange, on dort, on lit beaucoup. Je ne peux pas prendre une journée de repos, je suis trop impatient, trop avide d'escalade. Je ne veux plus penser, je veux seulement grimper. En moi, une machine s'emballe, je ne sais pas où elle m'emmène mais j'y vais sûrement. J'ai une urgence dans ma vie, plus je me concentre dans sa réalisation plus je sens ma mort se rapprocher. Fabrice est calme, il lit beaucoup mais sait alterner avec des moments de contemplation, on parle peu mais on s'entend bien. En escalade, j'essaye de lui donner toute l'énergie dont je suis capable. Dans notre couple de grimpeurs il y a un petit décalage de niveau. La confiance va au plus fort et c'est une difficulté supplémentaire pour le plus faible. Je me retiens un peu pour ne pas déséquilibrer notre relation.

Nous découvrons le grand dévers de Chuenisberg, près de Bâle. J'équipe une nouvelle voie que je baptise *Marqué en toi,* 8a, une évocation de ma relation avec mon frère. La petite falaise de Chuenis m'a inspiré une histoire. À son pied vivaient des créatures en mal de hauteur. Quand le soleil se couchait, les parois devenaient de plus en plus déversantes et les créatures levaient la tête pour voir apparaître les étoiles. Elles ne savaient pas comment les atteindre et vers laquelle aller. Chacune cherchait l'étoile qui lui correspondait, le chemin pour y arriver, la voie qui permettrait d'atteindre l'inaccessible. Quand le jour se lève et qu'en moi mes puissances s'impatientent, mes questionnements se dissipent et je choisis un chemin, une voie à escalader.

*

À quelques mètres de *Marqué en toi*, Wenzel Vodicka, un fort grimpeur, essaye la voie qu'il a équipée, il n'y arrive pas. Je sens que cette nouvelle voie m'attire. Elle m'attend, elle n'a pas de nom. Je suis en pleine forme je demande la permission de l'essayer. Je travaille tous les mouvements de ce dévers très raide. Nous les affinons le lendemain. C'est une succession de mouvements très intenses, sans aucune décontraction. Pour chaque mouvement, je cherche la meilleure position du corps, j'affine la préhension d'un petit gratton, je place un pied un peu plus à droite, je trouve une prise de pouce, j'enlève un auriculaire, c'est une recherche infinie de perfectionnement, une dentelle gestuelle. J'entre en communion avec le rocher, avec son intimité. Cette voie est un monstre, un autoportrait, un monument de difficulté. Mes doigts s'usent, j'ai des difficultés de mousquetonnage avec des chutes au sol, plusieurs prises sont très humides.

Fabrice essaye cette voie avec moi, il a du mal dans les mouvements mais pas plus que moi. La différence, c'est que je vais y mettre toutes mes tripes. Fabrice n'a pas cette envie profonde, il préfère lire. L'escalade remplit intensément ma vie, elle me comble à tous les niveaux. Pour vivre, je n'ai besoin de rien d'autre qu'un bout de rocher.

Mes muscles s'expriment avec dureté, ma force volontaire me cloue à la paroi, je suis asphyxié par l'intensité et l'amplitude des mouvements. Je dois respirer très fort je m'appuie sur ma respiration, c'est mon cinquième point d'appui, mon fil conducteur. Chaque geste est calé sur ma respiration. J'expire profondément en m'échauffant. Je commence à grimper en expirant. Chaque mouvement difficile est exécuté avec une expiration puissante. L'apnée est mon joker pour un mouvement extrême. Aux positions de décontraction, je commence par des respirations courtes puis de plus en plus longues jusqu'à revenir sur un flot calme. Je suis capable de compter mon nombre de respirations dans la voie.

Je pense l'appeler *Ravage* car, après l'escalade, je n'ai plus de pensées. Mes tourments n'ont plus le temps de mûrir, l'escalade balaye mon esprit sur son passage. *Ravage* est dans ma tête, *Ravage* est en moi et ce soir je lui ai souhaité bonne nuit.

Il pleut trop, je dois encore attendre car l'humidité suinte des prises. Si je peux mettre autant de hargne dans l'envie de la faire, c'est que j'ai trop peur de ne pas y parvenir. C'est mon deuxième jour sans grimper, je suis en manque. Je m'allonge et je grimpe la voie mentalement, je refais plusieurs fois l'enchaînement des mouvements, mon cœur bat très fort. Je ressens chaque geste, ma tête est vide. Même sans grimper, je dois respirer tant je vis l'ascension. L'image du mouvement s'incruste dans mon corps.

Bruno Cormier vient prendre des photos pour *Vertical*. Je monte nettoyer et sécher les prises. Il fait froid, il y a du vent, mes doigts sont secs. J'adore l'adhérence après l'orage, le rocher retrouve sa fraîcheur originelle. Je me sens bien, l'influx est là, j'ai toutes mes chances. Mais, au premier essai, ma main glisse à cause de l'humidité alors que j'entame le dernier blocage.

Je décide de bien me reposer. Fabrice réussit une nouvelle voie, grande classe. Sa réussite me donne de l'énergie. Longue concentration, petit massage des avant-bras par Fabrice, nouveau nettoyage des prises. Je me sens prêt. Bruno est sur sa corde, pendu telle une araignée, il se trouve dans les airs près du sommet.

Un vent ascendant se lève le long de la paroi, ma respiration profonde descend au fond de mon corps. Mon souffle porte ma force comme un ouragan. Mes muscles se liquéfient sous la puissance de ma respiration. Je suis un souffle enflammé qui grimpe le long de la paroi. Je grimpe comme je respire. Ma mue reste accrochée aux prises. Ma concentration est totale, je suis un courant d'air que rien ne peut atteindre. Lors des derniers mètres d'escalade, je suis au plus mal, mes bras sont à la limite de s'ouvrir. Je perçois les encouragements au pied de la falaise, mais c'est une voix venue d'en haut qui m'attire. « Allez vas-y, tu l'as ! » Je me concentre dans les vapeurs de ma respiration, un brouillard que rien ne peut briser. Je suis traversé par la voix surnaturelle de Bruno qui me hèle.

Je me dresse au sommet, à hauteur du ciel, au-dessus d'une mer sylvestre. Je suis vidé, heureux. La voie est un ouragan qui a tout ravagé sur son passage, aucune pensée ne subsiste. Je suis libre.

J'annonce pour la première fois la cotation 8c. Avec le réchauffement climatique, les prises de cette voie ont séché et la cotation est redescendue à 8b+/8c. Wolfgang Gullich fera le premier 8c en 1987: *Wallstreet*

Je n'ai plus envie de grimper. Je propose à Fabrice et Bruno une soirée pour baptiser la première de *Ravage*. Philippe Steulet est là avec sa femme Cathy, qui m'a fait découvrir la chiropratique. J'ai rencontré Philippe à Buoux et nous sommes devenus amis. L'un comme l'autre, nous ne nous contentons pas de consommer des voies d'escalade, nous voulons être des moteurs de l'aventure de l'escalade libre. Philippe, l'un des meilleurs grimpeurs du moment, incarne ce mouvement en Suisse. C'est lui qui nous a conduits ici, sa dernière trouvaille minérale, cette montagne dont le sommet ne dépasse pas la cime des arbres.

Je vais acheter du champagne et des grillades, on se retrouve au coin du feu dans la nature, c'est beau, c'est fort. Un arbre magnifique nous domine, vivant pilier d'une verticale parfaitement accordée avec la paroi, ses branches au sommet s'épanouissent pour capter la lumière, ses feuilles s'entrelacent si finement que seuls de fins rayons de lumière nous parviennent. Sous le mur surplombant d'une raideur parfaite, Bruno prend des photos. Je suis décalqué, l'ambiance est calme, sereine, je suis seul à faire un numéro de pitre. On rentre sous la pluie. On est heureux.

Mon ami Philippe est mort en 2002 en descendant de l'Eiger. Je ne peux plus partager avec lui mais je pense toujours à ces moments de complicité que la vie nous a offerts.

*

À l'automne 1986, la compagnie Roc in Lichen donne un stage de danse-escalade à Antibes. Patrick Berhault est là. Je vais les saluer et faire quelques pas de danse-escalade avec eux. J'ai entendu parler du *Toit d'Auguste*, que Patrick a abandonné car un mouvement lui résiste. Je lui demande si je peux l'essayer. Je pars à La Turbie et trouve la méthode qui permet enfin de tenter sa réalisation. Le mouvement est très physique et ne me permet pas d'essayer souvent. Patrick est à nouveau titillé par l'idée de libérer la voie. Nous essayons ensemble la nouvelle méthode et il est maintenant très motivé. Nous vivons un grand moment d'émulation dans le siège du *Toit d'Auguste*. Je suis à quelques doigts de la réaliser mais je dois rentrer à Paris.

Je reviens quelques mois plus tard, physiquement préparé. Mais, au pied de la voie, ma volonté est si puissante que mes avant-bras gonflent comme si j'avais trop grimpé. Je fais un blocage psychologique. Mes bras sont durs et cette sensation m'empêche de m'engager à fond. Je dois m'arrêter de grimper quelque temps pour faire redescendre la pression. J'assure Patrick. C'est comme si je ne pouvais pas faire la première avant lui. Maintenant, il veut la réussir, je crois même qu'il veut faire la première.

Je ne peux pas être en rivalité avec lui. Cette voie me refuse, elle est pour lui.

Patrick ce toit est pour toi. Je n'y suis jamais retourné. Patrick a réalisé la première ascension.

Je découvre que trop de volonté dans la réussite est contre-productif pour moi. Patrick est mon aîné, comme un grand frère. J'aime son ouverture vers la dimension artistique. La diversité qu'il apporte à l'escalade me conforte dans mes intuitions artistiques. Il embrasse les facettes de l'escalade. Depuis qu'il n'est plus là, je porte un peu de sa flamme.

En mai 1987 je suis en formation à Mont-Dauphin. Je prépare mon brevet d'État d'escalade. Je sens que c'est bon d'avoir un diplôme pour être plus libre dans la société. Le soir après les cours, je travaille *Asymptote*, je n'ai pas de bonnes sensations, je tire sur les prises et cela me fatigue. J'étudie mes facteurs de régression. Je réduis les blocages de face. Je réduis la crispation au mousquetonnage. J'augmente la puissance de ma respiration. J'augmente l'économie d'énergie en travaillant ma souplesse. Je m'échauffe pour cette voie. Je prends assez de temps de concentration et d'assouplissement. La réussir c'est mon but. Je tombe dans ma tête avant de tomber physiquement. Je dois repousser le moment où je lâche dans la tête. Ce n'est pas avec ma pensée que je peux repousser cette décision car introduire des pensées dans l'escalade c'est déjà s'alourdir. Je ne dois pas utiliser le mot « but ». Un but, en escalade, c'est un point à atteindre mais aussi un échec. Un but, c'est une finalité limitée. Je n'ai pas de but, je fais le vide. Comme l'asymptote, je tends vers quelque chose, je tends vers la non-pensée.

Je prends le temps de grimper dans des voies sous ma limite. Je ne progresse plus dans la difficulté alors je vais progresser dans des voies faciles en m'imposant des difficultés. Pour une meilleure vision des prises, je décolle le haut du corps en plaquant le bas du corps à la paroi. Je fais l'amour avec la paroi. Je grimpe les yeux fermés, je découvre des prises qui sont des aspérités, comme des îles pour un doigt naufragé. Je grimpe afin de pouvoir étendre musculairement tout ce qui est possible. Je regarde les prises intensément pour augmenter ma conscience dans la pose de pied.

Je réussis *Asymptote*, 8 b+, ce style de voie ne me motive plus.

Chapitre 7

Solos

Joshua Tree, décembre 1984. J'écris dans ma tente, les doigts engourdis par le froid, desséchés par le vent, meurtris par les chiquettes. Le désert c'est l'enfer et le paradis : pluie hier, grand froid aujourd'hui, voies superbes. Un autre monde, d'autres gens, d'autres motivations, une autre vie. Les villes de Californie sont des alignements de baraques le long d'une route, des déserts urbains angoissants. Je fuis la chaleur des McDo et la sécheresse humaine pour retrouver le désert de pierres, ses milliers de blocs et d'arbres de Joshua. Ici le vent et les nuages dominent, le froid nous enveloppe, l'eau gèle au soleil. Cet univers austère ne semble pas peser sur mon moral, sauf peut-être lorsque j'écoute de la musique et que je me retrouve face à l'immensité désertique qu'est la page blanche de ma vie. Je suis ici et rien ne se passe, peut-être ne doit-il rien se passer, peut-être que je ne vois pas qu'il se passe quelque chose en moi. Je laisse vivre l'escalade, je retrouve ma passion de ne vivre que pour elle. Toutes nos actions tournent autour de l'escalade : bouffe, rythme de sommeil, discussions. J'ai besoin de réalisation, je suis parti marcher droit face au désert, tout droit vers l'inconnu, avec comme seule direction : le vide. Lorsque je rentre au camp un très haut bloc me barre le chemin. Face à moi, une fissure. Mon chemin passerait-il par cette fissure ? Je suis en tennis, il fait frais je n'ai pas besoin de magnésie, je grimpe à vue en solo, je ne connais pas la cotation, je n'ai pas peur car je suis désespéré (6c sur le topo).

Le soir je ne dis rien, la nuit je fais des cauchemars : je suis au pied d'un bloc, un curé en soutane noire me flagelle avec un bâton.

Aujourd'hui, Marc et JB sont allés essayer *Equinox*, 7c, une voie mythique des États-Unis que Jerry Moffatt a réussie à vue. JB l'a faite et Marc a buté à vue tout en haut. Ils en parlent toute la soirée, c'est la plus belle voie qu'ils aient jamais vue, la plus impressionnante, la plus pure, la plus folle, la plus délirante. Je suis très impressionné, mes mains sont moites, ma tête n'est remplie que de cette voie. Demain, je vais l'essayer à vue ! Ils ne m'ont rien dit sur les mouvements, on est stricts avec la règle. La nuit est très agitée, je me réveille souvent et à chaque fois à cause d'*Equinox*.

Le réveil est maîtrisé en un tournemain, il faut partir tôt une longue marche d'approche nous attend. Fabrice et moi partons avec Hélène, ma maman. Le piton rocheux où se trouve *Equinox* est situé au milieu du désert qui s'étend à perte de vue. La voie se déroule dans un bloc vertical immense et le parcourt de droite à gauche en arc de cercle. Je m'échauffe par des tractions puis je vais placer mon premier coinceur, mais le vent fort m'empêche d'essayer, les rafales me déportent complètement et me font perdre l'équilibre. J'attends que l'atmosphère se réchauffe et c'est parti. Deux coinceurs bétons au départ puis, quelques mètres plus haut, trois prises véroliques. J'entame la partie surplombante avec deux ou trois mouvements au-dessus de la protection, un friend 0,5 mis rapidement. Puis plus rien jusqu'à un bon coincement 6 mètres au-dessus, je suis dans une zone de chute au sol, je passe à l'agonie, je manque plusieurs fois de me casser la figure, mes pieds ripent, l'adhérence des chaussons par temps froid est très nettement diminuée. Je finis le dernier tiers de la voie complètement explosé sur les quelques grattons de sortie salvateurs. Je n'ai plus d'énergie pour mettre une dernière protection, c'est la fuite vers le haut. Le souvenir de ma chute dans *Finger licker* remonte à ma conscience, ne pas tomber, ce bloc n'est pas ma tombe je me bats, je vais attraper mon énergie de survie au fond de moi, c'est l'épreuve vitale. J'arrive au sommet de cet immense bloc, je pousse un cri de libération et je m'allonge sur la roche, la tête face au ciel, les bras en croix. Je n'arrive pas à récupérer, j'ai la tête qui tourne, mes bras sont plus durs que la roche. Je suis un roc. C'est la folie, je ne me rends pas compte de ce qui m'arrive, je ne me souviens de rien, d'aucun mouvement ; j'ai grimpé dans un état second, un état de défonce, c'est mon plus grand combat. Ma mère a eu très peur, je suis inconscient des risques que j'ai pris et que, par conséquent, j'ai fait prendre aux autres. Nous sommes soulagés que cette performance se soit passée sans accident car nous sommes complices de cet engagement aux limites de la décence. Je suis le seul heureux.

Jerry Moffatt erre ici et là et nous passons tous ensemble une soirée inoubliable le Jour de l'an.

*

Un peu plus tard, je découvre les photos de Marc en solo dans le *Toit du Fix* et *La Maestria*. Mes mains sont moites, je suis hyperangoissé à l'idée qu'un jour je pourrais y aller en solo, ça me semble tellement inconcevable, inaccessible. Pourtant, ces voies, je les connais par cœur, je n'y suis jamais tombé même fatigué. J'ai l'impression de découvrir une dimension inconnue de l'escalade, une promesse de nouvelles sensations. À l'instant précis où je regarde les diapos de David Chambre, je ressens le besoin de cette drogue, je veux faire du solo ! Le solo me prend la tête à chaque photo, dans toutes les voies, j'ai l'impression de ressentir comme un manque alors que j'en ai fait qu'une fois. C'est déjà une drogue.

Le dimanche suivant, un bouton d'acné apparaît sur mon visage. Départ pour le Saussois avec Séverine, on écoute Alphaville pendant tout le voyage, je la dépose au Saussois avec le reste de la bande des Parisiens et je file un peu plus loin, à Surgy. Le week-end dernier, j'y ai repéré une voie à équiper près de la *Chauve-souris*, la deuxième longueur, un super-bombé. Je débarque dans la falaise, le walkman à fond avec Alphaville, je suis fébrile, je vais poser ma corde, je m'aperçois que j'ai oublié les mousquetons dans la voiture, je descends en rappel, les clefs sont restées en haut, je remonte en solo par une voie en 5 avec mes chaussures de ville, je reprends le rappel puis cours chercher les clefs et remonte équiper, je commence tranquillement à nettoyer toutes les prises, toujours avec la musique dans les oreilles.

Puis un sursaut, deux décharges d'adrénaline... je ne suis pas venu que pour ça. Je veux aller dans *Le feu follet*, 7b, en solo. J'ai besoin de refaire la voie avant pour vérifier que j'en suis capable. Au pied de la falaise, je trouve quelqu'un pour m'assurer, je grimpe avec beaucoup d'aisance. En redescendant par le chemin j'essaye de me calmer. Ma respiration est retenue, saccadée, j'inspire puis expire profondément à plusieurs reprises comme pour me vider de toutes craintes, de toutes angoisses et des faiblesses qui pourraient perturber mon ascension. Il faut que je sois pur, calme, reposé, heureux de vouloir faire cette voie. Fidèle à mon image de Super planos, je n'ai pas de quoi attacher mon sac à magnésie et j'emprunte une cordelette à un grimpeur. Enfin, je suis au pied, sans transition je commence l'escalade, je grimpe avec mon collant rayé blanc et noir, je l'ai pris ce matin car bien qu'il soit voyant il correspond à un état de paix. Je porte un tee-shirt noir et une écharpe rouge, j'ai beaucoup pensé à *Apocalypse Now* même si je ne considère pas le solo comme de la roulette russe. Je ne sais pas ce qu'il adviendra de moi après. J'enchaîne rapidement le premier mouvement, très crispé, je n'en profite pas. Très vite c'est la décontraction, je prends vraiment le temps de grimper, je me magnésie très souvent et même pendu sur un bras. Cette situation me détend, je ne pense à rien, uniquement aux mouvements, à cette aisance qui me donne la sensation d'être libre. Je domine parfaitement la voie, pourtant je ne l'ai faite que deux fois, la première à vue. Au sommet je suis apaisé.

Une fois redescendu, je m'arrête au pied de la voie, je regarde les prises. Comment ai-je pu être aussi détendu ? En regardant la prise où je me suis pendu d'un bras je n'y crois pas. Ce n'est pas moi qui ai grimpé en solo. Ces sensations physiques, je ne les ai jamais éprouvées encordé. Le soir je n'ai envie de rien, je ne mange pratiquement pas, je reste isolé des autres, sans parler de rien. Cet acte reste personnel. Le solo s'accorde à ma solitude.

*

Été 1985. Descente à Mouriès en stop. La chaleur est torride, j'enchaîne *La crise du propriétaire* avec JB Tribout. On retrouve tous les deux l'émulation d'antan, cette complicité qui nous pousse à nous dépasser et cela nous fait du bien. J'ai besoin de retrouver confiance, cela fait longtemps que je n'ai pas grimpé, mon mal de dos s'estompe enfin. Je veux aller loin cet été. Le challenge est d'aller grimper la voie la plus difficile d'Angleterre en libre, avec l'éthique française et dans la journée. *Revelations*, c'est le plus beau 8a+ de la falaise de Raven Tor, près de Sheffield. La voie débute par un furieux blocage, puis en fin de parcours il y a un jeté avec un aplat fuyant. La dalle de sortie n'est pas dure pour un Bleausard, mais technique.

Le 29 juillet, après avoir travaillé tous les mouvements avec notre éthique française, je tire la corde et j'enchaîne la voie au premier essai. Je suis dans un grand jour, j'ai envie d'aller encore plus loin. Au pied de la falaise, une pensée folle m'envahit : soloer

Revelations. C'est comme si une voix sortait de la falaise et me demandait de grimper cette voie seul, sans corde. Des vagues d'adrénaline déferlent dans mon corps, je suis un volcan.

Le lendemain, je refais *Revelations* en tête pour des photos. Ben Moon la réalise avec la technique anglaise : il ne peut pas travailler chaque mouvement les uns après les autres, lorsqu'il chute il doit redescendre au sol sans travailler le mouvement et repartir du bas avec la corde laissée sur le point de la chute. Heureusement qu'il me voit grimper les mouvements. Il faut dire que les Anglais sont aussi impressionnés par la rapidité avec laquelle j'ai réussi *Revelations* que nous le sommes par leur essai dans *Obscene gesture*, un pas de 6c sur un coinceur numéro 1, avec chute au sol.

Les Anglais nous accueillent, nous sommes les bienvenus. On se retrouve au pied de *Boo*, que JB fait parfaitement. On partage des toasts au fromage, ils nous font visiter toutes les falaises de la région. Je suis épuisé, je décide de m'arrêter un peu. Août arrive, il pleut tous les jours, ce froid humide est atroce. Une éclaircie : on s'échauffe dans *Obsession*, 7b+, que je fais à vue, une première dans ce style. Puis on essaye *Mahan Mein* avec la technique anglaise : à chaque chute on redescend en bas. Après quatre chutes, on décide de revenir à l'éthique française, plus intéressante, moins frustrante, plus technique, moins fatigante, et plus subtile. Je fais la voie au premier essai.

Encore la pluie. Je pense toujours au solo de *Revelations*. Le soir, je n'arrive pas à m'endormir, je me vois grimper dans la voie, les mouvements s'enchaînent dans ma tête : à chaque mouvement, une décharge d'adrénaline. Ce solo me prend la tête et le corps tout entier. Je suis sous son emprise, je n'arrive pas à m'en détacher, je suis vampirisé. Je sais que je ne peux pas tomber mais quelques mouvements sont vraiment aléatoires. Il faut que je fasse quelque chose : rentrer à Paris ou essayer.

Jamais une voie n'avait eu autant d'emprise sur moi, je suis mal, je suis son esclave.

5 août : il fait beau, incroyable ! Avec JB, on fait quelques voies classiques du Great en solo. Au bout de cinq voies, on prend peur, le solo se banalise. On redescend précipitamment à la voiture. J'ai l'impression d'avoir fait une grande randonnée verticale avec la mémoire des anciens.

La pluie revient, la motivation s'émousse, le retour en France approche. J'entraîne JB à essayer *Verbal abuse*, une voie mythique. Elle n'est pas très belle mais nous sommes heureux : grâce à la technique française qui permet d'affiner les gestes, on a trouvé une superbe technique pour le mouvement dur. On a du plaisir à défaire les mythes. Je viens de réussir, au premier essai, les secondes ascensions des voies les plus dures d'Angleterre. Je refais *Revelations* trois fois pour me fatiguer, je domine. Le soir, je n'en peux plus de toutes ces décharges d'adrénaline, elles me fatiguent, mon désir est insoutenable, il est trop présent, je décide d'en parler à JB. Je veux dormir. Il m'écoute, me donne confiance. Il me dit que je peux le faire mais que je dois la retravailler avec l'objectif de la soloer.

Allongé, j'exécute chaque mouvement dans ma tête, je dois connaître chaque mouvement mais, surtout, je dois connaître dans mon corps la sensation intérieure du mouvement, chaque équilibre, chaque préhension. Ma tête peut oublier le mouvement lors de surchauffe neuronale. Mon corps se souviendra de la sensation.

J'espérais qu'il fasse mauvais pour ne pas avoir à décider mais maintenant c'est sûr, demain, j'y retourne. Ne pas me précipiter, surtout pas, prendre le temps de m'imprégner pas à pas, de chaque sensation, grimper *Revelations* en solo avec la grande classe. Je ne suis pas pressé JB sera là, il m'apporte son expérience, il a déjà réalisé en solo *Chimpanzodrome*,

7c+, peu après mon frère. Mais le jour J, je serai seul avec la voie. Ma décision est prise. J'ai la sensation d'un élan qui me porte. C'est ma part sauvage qui s'exprime. Je ne domine pas la voie, c'est elle qui est en moi. Je souhaite bonne nuit à *Revelations*.

Le temps est fidèle à son habitude, humide. À Raven Tor, JB essaye à nouveau le premier mouvement de *Revelations* qu'il ne peut réussir : le rocher est gras, trop humide. Je refais encordé tous les mouvements en pensant que je suis en solo. Je la grimpe pour la sixième fois et, même dans des conditions humides et difficiles, je me sens toujours bien. J'ai confiance en moi mais j'ai toujours peur de craquer psychologiquement, c'est ma difficulté suprême. Je dois attendre de ne plus avoir peur. JB enchaîne pour la première fois deux 7b, *Well Killer* et *Sardine*, un 7c, *Rooster Booster,* ainsi qu'un 7c+ de continuité qu'il nomme *Allo éthique,* c'est de circonstance. Les Anglais se posent beaucoup de questions sur leur éthique. Nous leur proposons de travailler le passage difficile avant de redescendre.

8 août 1985, 9 heures. Au réveil, j'écris : « Je ne sais plus, peut-être c'est trop pour moi ? Mais tellement fort. Je suis bien, je n'ai plus peur. Je n'ai pas peur d'être emporté par ma révélation. J'y vais... »

L'après-midi, nous arrivons à Raven Tor avec JB. Il y a du monde aujourd'hui et les conditions météorologiques sont parfaites, je m'échauffe normalement mais je sais que je ne pourrai pas grimper *Revelations* immédiatement, vu le nombre de grimpeurs présents. J'ai besoin d'intimité.

Je suis chaud mais sans bouillonner. Lorsque je regarde la voie du pied de la falaise, je me dis encore que je peux craquer, mais je suis confiant. Je n'ai plus de décharges d'adrénaline, c'est reposant. J'apprécie mon état. Je suis modelable et la pierre est mon sculpteur. La peur de ne pas pouvoir y aller se dissipe au fur et à mesure que les ombres s'allongent et que les grimpeurs s'éparpillent dans la falaise.

Vers 16 heures, une impulsion, c'est maintenant, tout est prêt. JB est là, je suis au pied, ma tête est vide, mon corps rempli de concentration. Les mouvements s'enchaînent à la perfection, pas une hésitation pas un mouvement de trop pas une crispation, jusqu'en haut la concentration est totale. Je grimpe dans un état de grâce comme je n'en ai jamais connu. Je suis ancré en moi et l'envoûtement de la mort n'a plus de prise. La grâce est née au bord du précipice.

En haut, une corde me permet de redescendre dans les bras de Jean-Baptiste. Une fois de plus notre amitié s'est approfondie. Je suis heureux.

J'ai réalisé le solo le plus difficile de cette année 1985 dans une des voies les plus dures du monde. Elle est aujourd'hui cotée 8b car la prise clé s'est un peu cassée ; 8a+ me semble être une cotation plus juste pour l'époque. Je suis désigné athlète de l'année par un journal américain. Les Anglais font un article. JB sollicite les magazines d'escalade français qui relaient à la marge cette performance mondiale.

L'année suivante, j'envisage de grimper *La rose et le vampire* en solo. Mon cœur se met à cogner si fort que je sens tout mon corps battre. Le sang me monte à la tête, elle est comme une marmite sous pression, je me mets à trembler. Être prêt à un tel acte me demanderait trop d'énergie. Je suis dans une spirale de la difficulté.

Non, j'arrête définitivement le solo. C'est décidé, je veux mettre mon énergie dans la création.

Chapitre 8

AU PIED DU MUR

En mars 1985, je signe le « Manifeste des 19 » contre l'apparition des compétitions d'escalade en France dont voici un extrait : « Certains sports n'existent qu'à travers la compétition, qui est leur seule raison d'être. Mais l'essence de l'escalade est autre. Sa finalité est et doit rester une recherche de la difficulté technique et la recherche d'un objectif chaque fois plus ambitieux... L'escalade est avant tout une recherche personnelle. Si personne ne réagit, les compétitions, conçues et organisées pour une minorité, peuvent rapidement et avec trop de facilité devenir la référence absolue. Demain, nous aurons peut-être des compétitions avec des participants munis de dossards, retransmises à la télévision. Mais il y aura aussi ceux qui continueront à pratiquer le vrai jeu de l'escalade : les gardiens d'une certaine essence et d'une certaine éthique de l'escalade. »

Je suis un jeune étudiant, je vis en marge de la société, je défends une pratique de l'escalade non assujettie à la performance médiatique et à l'argent. Je suis idéaliste, je ne veux profondément pas de ce monde-là. Le souhait d'organiser des compétitions d'escalade ne vient pas de nous, grimpeurs, mais des fédérations, des magazines, des sociétés de matériel. Nous redoutons de perdre notre liberté et notre état d'esprit, nous demandons un temps réflexion. En France, seuls Edlinger et Berhault vivent de l'escalade ; nous, les autres grimpeurs, sommes tous des amateurs et n'avons pas de rapport financier avec l'escalade. La société, tel un bulldozer, se doit d'intégrer notre pratique marginale. La compétition est son moyen.

Je suis fier d'avoir signé ce manifeste. On nous dit que la compétition existe depuis toujours en alpinisme, et que les compétitions d'escalade existent en Union soviétique au milieu du XXe siècle (des épreuves de vitesse, descente comprise, sur des falaises naturelles). Un sociologue prétend que ma « vision poétique de l'escalade est une éthique de substitution à la réalité ». On ne veut voir que le seul esprit compétitif et nous imposer cette vision réductrice. L'esprit compétitif donne de l'énergie pour devenir meilleur que l'autre. Je suis habité par l'esprit d'émulation où l'autre m'aide à être meilleur. C'est une grande différence que beaucoup ne comprennent pas mais qui génère des comportements très différents. J'ai eu l'esprit compétitif à quelques périodes de ma vie, cela m'a poussé à progresser, à être créatif. Mais la compétition c'est l'organisation par la société de cette énergie qui fait partie de moi sans que je sois obligé de la développer. L'émulation est plus fraternelle, plus horizontale.

Je ne pense plus, comme à cette époque, qu'il y a les grimpeurs véritables et les autres. Le grimpeur sur un mur artificiel n'est pas moins grimpeur que celui qui escalade en falaise ou celui qui grimpe sur les monuments. Il y a une diversité des escalades. Depuis que je grimpe j'ai pratiqué l'escalade en famille, l'escalade artificielle, l'escalade libre, l'escalade sportive, l'escalade en terrain d'aventure, l'escalade en salle, l'escalade de compétition, le *deep-water*, la danse-escalade, la danse de façade, la danse verticale, l'escalade poétique, l'escalade urbaine, l'escalade haptonomique, l'escalade libérée, la désescalade et récemment l'escalade sur glace. Il n'y a pas une mais des escalades, avec une grande diversité d'états d'esprit.

Pour une fois que la société engendre une discipline de cette classe, elle veut maintenant mettre le grappin dessus. La compétition récupère l'escalade libre que l'on a inventée. Nous sommes dépossédés.

*

Avec l'apparition des compétitions, je suis devant un choix : m'adapter ou arrêter de grimper. Je lis *Pieds nus sur la terre sacrée* de l'Amérindienne Teri McLuhan : « Les désirs d'un homme doivent tendre vers l'authentique non vers l'artificiel... Il n'existe pas d'autre terre pour nous. Inutile de nous en acheter une autre. Que le gouvernement soit content et fier ! Il peut nous tuer. Nous ne combattons pas. Nous faisons ce qu'il dit. Si nous ne pouvons vivre ici, nous voulons aller dans les montagnes et mourir. Nous ne voulons pas vivre ailleurs. »

Je ne veux pas me faire avoir par la civilisation. Je ne veux pas arriver au point de dire : je suis fatigué, mon cœur est triste et malade. À partir de ce point où se tient le soleil je ne grimperai plus jamais.

Je pense à un article du poète grimpeur et peintre Samivel sur la pureté de l'escalade. Je veux vivre de l'escalade mais je ne veux pas vendre ma passion. Ma pratique de l'escalade est-elle pure ? C'est quoi une escalade pure ? C'est moi qui la définis, je ne dois pas confondre mon intégrité et la pureté de la pratique.

Si je m'accroche à une certaine idée de la pureté de l'escalade je vais mourir. Je dois trouver un moyen de m'adapter, de devenir créatif au sein du système. Je ne veux pas être compétiteur et mettre toute mon énergie et ma créativité pour être le meilleur, cela me semble indécent pour un être humain.

Dans le train, je rencontre un avocat qui me raconte qu'il a choisi cette voie pour changer les choses de l'intérieur, que la révolution n'amène qu'un changement de dirigeant. Comme lui, je préfère m'intégrer au système et apporter ma créativité de l'intérieur. Je sens que je dois me mettre au service de quelque chose qui est au-delà de moi et qui puisse donner une image de l'escalade que je pourrais en partie maîtriser. L'escalade libre s'est inventée. La liberté de l'escalade est dans ses possibilités de réinvention. L'escalade a d'autres voies à proposer, je vais inventer des gestuelles pour mes amis grimpeurs et maintenant compétiteurs.

La première compétition doit avoir lieu à Vaulx-en-Velin, à l'initiative de la Fédération française d'escalade. Je décide que je n'y participerai pas comme compétiteur. Une bonne partie de la bande des Parisiens s'inscrit. Alain Ferrand, l'organisateur, me propose d'ouvrir les voies pour la compétition. Je suis un des seuls grimpeurs qui a le niveau de grimper les voies de finale.

Je participe à cette compétition en créant des voies, j'arrête de me battre pour une cause perdue. La compétition est un rouleau compresseur. Travailler pour la compétition c'est l'accepter. C'est aussi pousser la compétition à se développer sur les murs artificiels d'escalade. Si elle se passe sur une structure artificielle, tout change. Il ne s'agit plus de l'escalade libre, c'est une nouvelle facette de l'escalade. Si la compétition se développe sur mur artificiel, j'aurai gagné.

Je vais créer des voies d'escalade. C'est beau, l'aspect créatif et artistique me passionne. Participer à la compétition alors que je m'y suis opposé c'est aussi une façon de me sociabiliser. J'assume ma contradiction.

La première compétition d'escalade sur mur artificiel se tient les 22 et 23 mars 1986 au Palais des sports de Vaulx-en-Velin. L'Open de France Indoor d'escalade est organisé par la Fédération française d'escalade. Je dois former une équipe d'ouvreurs et je propose à Fabrice de me rejoindre.

Le métier d'ouvreur n'existe pas, nous l'inventons. Les organisateurs nous demandent des conseils pour établir le règlement de la compétition. Nous élaborons les règles pour mesurer la performance. Nous devons choisir des critères de sélection. Déterminer des règles pour établir un classement avec un seul vainqueur ne va pas de soi. Nous sommes par exemple contre la règle du plus haut point touché qui génère des jetés sans nécessité. Ce n'est plus de l'escalade, mais un sport de grenouille. Lors des premières compétitions, il n'y a pas de limitation de durée lors du passage du compétiteur mais, pour la télévision, nous devrons limiter la durée de l'ascension et des points de repos. Nous inventons l'escalade de compétition. Je me rends bien compte que mettre en place un règlement demande du temps et de la créativité. Je propose que la dimension artistique soit constituante d'une voie de compétition au même titre que la difficulté. Ce n'est pas accepté, tant mieux : il faut préserver l'art de la compétition. Il n'y a pas de premier en art. La compétition dans le domaine artistique devrait se questionner sur ces règles d'attribution. La compétition cherche le meilleur dans un cadre que nous imaginons. Il n'y a pas un meilleur absolu. La compétition est un spectacle qui met en scène la recherche du meilleur. En compétition il y a un gagnant et des perdants mais dans le spectacle de la danse il n'y a que des gagnants.

Mais je ne me contente pas de cette sélection, je veux du suspense, de l'originalité gestuelle et du spectacle. Mes préoccupations se portent aussi sur l'analyse des différentes difficultés possibles : mouvement de force, d'équilibre, mouvement imposé, à déchiffrer, mouvements qui sortent de l'ordinaire, qui déstabilisent et parfois même qui sortent du mur pour grimper sur les structures extérieures, telles que le support en béton. Il y a des difficultés. J'ai immédiatement le sentiment d'être un chorégraphe dont les gestes sont révélés par les compétiteurs. Nous imaginons une dramaturgie pour créer une relation d'encouragement entre grimpeurs et spectateurs.

Le soir, je regarde le mur de compétition, je médite sur l'ouverture de voies.

Je suis ouvreur de voies. Qu'est-ce qui s'ouvre ? D'où naît cet enchaînement de mouvements ? Le mur s'ouvre à nous, il nous dévoile quelques-uns de ses secrets. Ses conques nous appellent, ses volumes nous invitent. Je m'ouvre à moi-même pour créer un mouvement. Le mur nu ne vit pas, ouvrir des voies sur le mur c'est lui donner vie.

J'écris un texte pour la fédération.

« Ouvrir une voie d'escalade sur un mur artificiel c'est visser une prise pour créer un mouvement original. C'est proposer un geste qui est motivé par une recherche de difficultés, de gestuelles, de contraintes, de plaisir, d'un état d'esprit. Hier nous avions le rocher pour nous dicter le cheminement de nos voies et, aujourd'hui, les structures artificielles nous permettent d'ouvrir nos propres voies. Lorsqu'un ouvreur se trouve au pied du mur, son éventail de prises dans la main, imprégné de sa culture gestuelle minérale, il a tendance à reproduire des mouvements connus, à poser et à se contenter du mouvement.

La fonction de l'ouvreur est autre, il doit sans cesse chercher à ouvrir de nouveaux mouvements. Le mur devient un outil de réflexion, de recherche, de création. Le mur est une page blanche pour notre imagination. C'est en nous penchant sur la motivation profonde du mouvement que nous lui donnerons un sens. Il faut aller au-delà de la simple sensation physique pour découvrir de nouveaux espaces gestuels. Nous inventons alors de nouvelles difficultés : des rébus, des jeux verticaux inconnus en milieu naturel, nous induisons des états d'esprit chez les grimpeurs comme le doute, la surprise. Pour cela, une prise doit toujours être placée avec la plus grande attention. Nous devons sentir le poids de chaque prise. Parfois, il suffit d'en placer une et de se laisser emporter par le flot comme un grimpeur qui dispose ses prises au fur et à mesure de son escalade. C'est à l'ouvreur, au travers des mouvements créés, d'introduire sa propre démarche. Il doit s'ouvrir lui-même avant de commencer son travail. L'ouvreur conscient de son rôle dans l'évolution de la pratique de l'escalade ne peut oublier que sa création reste invisible tant que les grimpeurs ne l'ont pas mise en lumière. Être ouvreur, c'est découvrir des espaces cachés que nous avons en nous-mêmes. Ouvrir une voie c'est visser une prise pour créer un mouvement original unique. Notre geste est motivé par un état d'esprit en même temps qu'un état du corps. »

Quand je regarde le mur d'escalade, je vois un décor de spectacle de danse-escalade. Il faudra créer des nouvelles prises. Je veux jouer avec l'équilibre entre escalade et danse. Je me vois en solo, c'est un retour à mon élan initial. Ce serait une histoire intime sans références culturelles. Il faudra travailler sur les rythmes et la gestuelle. La verticale est le lien entre la terre et le ciel. L'humain est condamné à une frustration à perpétuité. Le mur est le support de sa conquête stérile. Ma danse sera destinée à dire le mouvement de mon être. Je proposerai une scène pour faire rêver, porter dans mon geste une intention là où le spectateur serait incité à ne voir que des gestes. Le danseur est en rapport avec tout ce qui l'entoure, le public, les éclairages, le vide, la musique, les prises, le mur.

*

Le premier championnat de France d'escalade outdoor est prévu en septembre 1986 à Troubat, dans les Hautes-Pyrénées. J'ai hésité à accepter le travail d'ouverture de cette compétition sur falaise, l'impact humain sur la nature me semblait trop fort. Mais il y a beaucoup de possibilités d'ouverture de voies dans la falaise et l'ambiance à l'air bien sympathique. La compétition m'oblige à ouvrir dans un but de sélection. Cela devient prédominant dans mon rapport au rocher. Par endroits, je préfère ne pas dénaturer les prises et tailler une prise à côté que je rebouche après la compétition. C'est ce que je fais dans la finale, je taille un monodoigt trop discret ; Gilbert Ogier, le très fort grimpeur local, est le seul à trouver la prise et remporte le titre. Je comprends que le mur artificiel est l'avenir de la compétition.

Le soir entre la demi-finale et la finale après une soirée arrosée au brûlot, nous remontons sur le site avec toute l'équipe d'organisation. La falaise est éclairée, il y a de la musique. Je suis grisé et je grimpe, je mime les grimpeurs, Edlinger, Cortijo, JB... L'assistance rigole, dans la descente je mets la tête en bas, je fais le pitre en courant sur la paroi. Je suis heureux, j'ai du plaisir à partager ma joie. Les amis rigolent, je découvre le plaisir du jeu entre un grimpeur et des spectateurs. Je découvre la cordée émotionnelle entre le danseur et le public. C'est ma première performance improvisée. Cette expérience me séduit, je sens que je suis à ma place.

Je me sens bien dans les Pyrénées. Après la compétition, je reste et ouvre pour moi *Jeu de Lego,* 8b. Assis en face sur un piton rocheux, j'observe la falaise que les rayons du soleil cognent de tous leurs éclats. Je scrute la face auréolée de brume matinale, chaque anfractuosité, chaque prise. Avide, je m'imprègne de ses lignes colorées, ses ondulations, ses ruptures, ses rides bleutées incrustées dans le roc au fil des intempéries. Je veux trouver une voie d'une verticalité déroutante pour que mon vertige terrestre cesse. Mes yeux sont pleins de lueurs, une voie claque mes sens, une dégoulinure nacrée m'éblouit. Je monte au sommet de la falaise par un chemin. Je descends en rappel, plaqué contre la paroi je découvre une ligne parfaite de bas en haut, une suite ininterrompue d'écailles. Le temps a fait son œuvre ; goutte après goutte, l'eau glisse le long de ces écailles semant sa poudre magique. Pluie après pluie, le calcaire nourrit ces prises si cassantes, si fines qu'elles ne me permettent pas, moi grimpeur, d'évoluer, de m'épanouir sur cette dentelle trop fragile. J'entreprends de consolider prises par prises. Muni de ma palette, j'applique ma texture de construction. Je crée ma propre voie, je suis emprisonné dans mon jeu de construction. J'ai joué avec les prises comme des legos. C'est la nature toute puissante qui dicte ma voie, je me dois de la respecter. Sans moi la voie n'existe pas. Sans la voie je n'existe pas. Le jour du grand voyage au pied de ma création, il me suffit de me laisser emporter, nos pores communiquent. Les prises que je prends pour la première fois m'entraînent dans des mouvements inconnus plus étranges encore que ceux imaginés. Cette voie n'est plus une ornière où bouge une machine mais un fluide où un grimpeur joue avec sa création. Les mouvements sont si durs que mes doigts s'incrustent dans le roc. Je suis dans la tenaille entre la prise et mon désir. Le sang me monte à la tête et j'approfondis mon expiration. Je respire le rocher, la voie vivante. Ivre de vertige, je vibre et ris au rythme vertical de ce jour. Le mur-miroir est le reflet de ma vie. Cette voie est en moi, elle est moi. Mon ego joue avec mon jeu de Lego.

*

Janvier 1988, premier championnat d'escalade à Bercy. C'est l'année de la danse, l'année de l'infini à la verticale. Je suis chef ouvreur de voies de la compétition sur un mur d'escalade artificiel. C'est une grande responsabilité, les organisateurs comme Alain Ferrand disent que la compétition repose sur nous. On est bien payés, l'équivalent du premier prix masculin pour un mois de travail.

Avant l'ouverture, je commence par des réflexions. Je recherche des voies difficiles psychologiquement et non physiquement. La difficulté est dans la recherche, la provocation, la surprise, l'inattendu, le doute. Pour qu'un spectacle existe, il doit créer pour cela une relation humaine forte entre compétiteurs et spectateurs. Dans l'ouverture, je dois ressentir chaque geste pour que mon geste vive à travers le compétiteur. C'est passionnant, avec Fabrice Guillot, Olivier Penel, Pascal Faudou nous ne participons pas uniquement à l'ouverture des voies, on dessine des volumes pour les murs d'escalade : ventre conque, pilier, arrête, dièdre, toit, dalle. Avec Jean-Marc Blanche, architecte et constructeur de murs d'escalade en voile de béton, nous sculptons les prises, les panneaux, nous déterminons la disposition des volumes. Il y a une pré-écriture de la voie avant l'ouverture avec les prises. Pendant la compétition, nous sommes aussi juges dans les voies, suspendus à nos escarpolettes, une baguette en bois dans la main.

Avec nos ouvertures, on déroute les compétiteurs, certains adorent nos voies et d'autres les détestent. On entend des compétiteurs nous déconsidérer parce que les voies demandent de l'équilibre ou de la finesse alors qu'ils se sont entraînés en faisant des tractions et en développant leur force. J'essaie de placer le « croisé de la rose » mais les compétiteurs ont beaucoup de difficulté à déchiffrer ce mouvement qui ne fait pas encore partie de leur vocabulaire gestuel. Certain appelle ce mouvement « le derviche », mais pour moi le derviche est le prolongement du croisé de la Rose, il faut aller si loin chercher la prise de main que le corps se retourne face au public. Comme ouvreurs, nous avons un rôle d'initiateur gestuel. Je connais les atouts et les faiblesses des grimpeurs, je suis capable d'éliminer un compétiteur sur un monodoigt main gauche. Nos voies font appel à la fluidité, au lâcher-prise et correspondent bien aux styles de Lynn Hill, Nanette Raybaud, Robyn Erbesfield, Patrick Edlinger,

Robert Cortijo, François Legrand. Ils aiment nos voies et j'ai envie d'ouvrir pour eux. J'en fais trop peut-être, mais ma créativité déborde. Je développe ma créativité non pas à vouloir être le meilleur mais à inventer des gestuelles destinées aux grimpeurs de compétition.

Un soir, après douze heures de travail sur le mur de la compétition, je me raconte une histoire. La soif des hauteurs avait poussé les gens à s'élever toujours davantage. Les humains avaient manifesté leur enthousiasme démesuré pour le haut par des pyramides, des cathédrales, des immenses tours de plus en plus hautes. Elles poussaient comme des champignons partout à la surface. La ville s'appelait Gratte-Ciel. La frénésie était à son comble, c'était à celui qui construirait la tour la plus haute. Toutes les méthodes étaient bonnes dès l'instant où l'on pouvait construire une tour plus haute de quelques centimètres que son voisin. Certains avaient des techniques modernes, programmaient des robots capables d'empiler des tours les unes sur les autres mais ces édifices étaient si fragiles qu'il suffisait de quelques personnes au sommet pour qu'elles s'effondrent. D'autres utilisaient des méthodes anciennes avec des milliers de personnes chargées de les assembler pierre après pierre, cela permettait de plus grands édifices ; chaque ouvrier avait le droit à un étage mais la main-d'œuvre se faisait de plus en plus rare. Un jour, toutes les tours s'écroulèrent dans un fracas assourdissant, tuant la plupart des humains. Les rescapés n'ont jamais su d'où était partie cette destruction, la terre n'avait pas tremblé, le vent avait été un peu plus fort que d'habitude mais sans conviction. Il ne restait que deux tours qui, en tombant, s'étaient épaulées l'une contre l'autre. Afin de les préserver, nous avons construit un immense bâtiment autour, tel un musée. Il reste quelques aspérités sur les murs, des hiéroglyphes qui permettent de les grimper. Des athlètes viennent du monde entier pour savoir qui ira le plus haut. Ils perpétuent l'ancienne tradition selon laquelle il fallait toujours monter plus haut.

Aujourd'hui nous en sommes là, avec mon compagnon ouvreur nous traçons des voies sur ces deux parois. Nous n'avons plus besoin de grimper pour ouvrir. Notre regard est si concentré que nous perçons la paroi pour extirper de ces entrailles une prise qui sera le germe d'un mouvement. Mon imaginaire est débordant, il peut être source de perdition. Je dois apprendre à le canaliser dans une direction au bénéfice d'une action lumineuse.

En tant qu'ouvreur, avant le début de la finale hommes je grimpe pour démontrer aux spectateurs que la voie est possible. J'adore grimper en public. Les deux genoux coincés dans une écaille, je mets la tête en bas en effectuant avec les mains le mouvement tournant de la chanson « ainsi font, font, font les petites marionnettes ». Les milliers de spectateurs réagissent. J'ai la révélation qu'il suffit d'un petit geste pour entrer en relation avec le public, j'ai noué ma cordée émotionnelle.

Je me révèle danseur.

Avec Fabrice nous méditons régulièrement et les spectacles ont pris de la place, on grimpe de moins en moins, on doit retourner grimper pour se mettre en forme avant d'ouvrir les voies. Nous ouvrons des voies toute en finesse et en intuition. Patrick Edlinger tombe rapidement, il a fait du hors prises. C'est Robert Cortijo qui gagne. Je suis vraiment content pour lui, c'est une belle reconnaissance de l'escalade fluide et puissante. Ce n'est pas seulement la beauté du geste qui m'intéresse mais le style d'escalade. Nos voies font appel à des qualités plus profondes : la précision des pieds, le placement, la concentration, l'esprit de décision, l'adaptabilité aux différentes situations, la créativité gestuelle. Nos ouvertures de voies deviennent le révélateur de la signature du grimpeur.

On nous demande des voies pour la vitesse. On choisit des grosses prises pour ne pas se faire mal aux mains, mais les fabricants en sont toujours à imiter le rocher et les prises sont traumatisantes, alors on les modifie à la disqueuse. Je n'aime pas cette grimpe brouillonne, mais le public apprécie beaucoup. Il faudrait développer cette forme d'escalade compétitive mais les grimpeurs ne sont pas prêts. Au moins, ce n'est plus de l'escalade libre mais de l'escalade de compétition. Cela m'apaise.

Laurent Chevallier, réalisateur et Bleausard, me propose un rôle dans le film *Grimpeur étoile*, une fiction poétique sur l'histoire de l'escalade. Mais le tournage a lieu pendant la compétition de Snowbird aux États-Unis, dont je suis chef ouvreur. J'hésite, je propose à Fabrice de me remplacer comme chef ouvreur, il ne se sent pas. Finalement, je refuse le film. C'est un déchirement et puis un gros regret. Mon soulagement est que je conseille Robert Cortijo pour me remplacer et sa prestation est comme le film, vraiment poétique. Le film est tourné à Fontainebleau, Patrick Berhault est hébergé chez nous, Marie-Laure Pessemesse est assistante réalisatrice sur ce film, Jean-Marc Blanche s'occupe des décors, Catherine Destivelle joue de la flûte. C'est une belle aventure, en famille. À la fête de fin de tournage, je rencontre le comédien et poète du bitume Jean-Marie Maddeddu dit Dudu. C'est la naissance d'une grande aventure artistique au sein de sa compagnie de théâtre de rue Les Piétons. En 1996, nous finirons par créer ensemble *Les Urbanologues associés*, spectacle surréaliste qui tournera pendant plus de vingt ans dans le monde entier.

*

À Lyon, en 1989, j'entre en conflit avec les organisateurs qui semblent avoir oublié que les grimpeurs sont les acteurs de la compétition. Il faudrait soigner leurs conditions d'accueil pour qu'ils puissent donner le meilleur d'eux-mêmes sans se soucier des problèmes du quotidien et installer une ambiance de qualité. Mais la nourriture n'est pas adaptée, la zone d'échauffement insuffisante, il y a si peu de place au pied que les grimpeurs n'ont pas de recul pour apprécier les voies. Les panneaux publicitaires limitent leur champ de vision et, malgré les batteries de projecteurs qui surchauffent les voies, le mur est toujours aussi mal éclairé. J'enrage de voir un mur avec de si belles formes éclairé sans aucune subtilité, si puissamment que même les cameramen de la télévision le déplorent. Le jury n'est pas cohérent dans son application du règlement. On disqualifie un premier concurrent qui sort des limites et pas le suivant. C'est un problème de fond : le règlement ne suffit pas, il faut un consensus au sein du jury. Dans le doute, il faudrait privilégier l'esprit sportif. Je ne supporte pas qu'on arrête un grimpeur en pleine voie et que le règlement l'emporte sur la grimpe.

Pour qui fait-on la compétition ? Pour les grimpeurs ? Les spectateurs ? Les sponsors ? La télévision ? Les organisateurs ? Veut-on une escalade de compétition ? Une compétition-spectacle ou un show télévisé ? Trente ans avant que l'escalade fasse son entrée aux Jeux olympiques, les questions clés sont déjà sur la table.

Nous échangeons avec Lynn Hill sur la possibilité de faire concourir les hommes et les femmes dans une même voie. À Lyon, Lynn est première après sa brillante performance dans la finale femme. Comme la finale homme doit se dérouler dans la même voie, je dois, devant le public, modifier des prises pour augmenter la difficulté. Sans me consulter, l'organisation annonce au micro que la voie de finale homme sera identique à celle des femmes. je dois intervenir: ce n'est pas possible d'avoir des *ex aequo*. Je descends dans la voie et je me prépare à modifier des prises pour éliminer des positions de repos et durcir des passages d'escalade.

à l'instant où je modifie la première prise, les spectateurs se mettent à hurler. Ils veulent savoir, ils imposent cette rencontre entre hommes et femmes. Je feins de ne pas comprendre, mais les cris s'amplifient. Me voilà sur le fil du rasoir. Sous la pression du public, je dois me contenter de tourner uniquement les trois dernières prises de la finale femme. J'attends la peur au ventre le passage des hommes.

J'annonce une cotation de 8a aux finalistes hommes alors que la voie cote 7b+ jusqu'aux trois derniers mouvements. Plusieurs grimpeurs sont capables de réussir la voie mais ils tombent en cherchant la difficulté jusqu'à s'épuiser.

Finalement, Lynn Hill se place 4e, derrière Simon Nadine, Jerry Moffatt, Ben Moon et devant Stefan Glowacz, Didier Raboutou. Les trois premiers sont tombés à un mouvement près dans les deux derniers mouvements extrêmes que j'avais pu modifier.

Autre souvenir troublant : si un compétiteur fait une mauvaise combinaison qui mène à une impasse, tous les suivants ont tendance à l'imiter. Pourtant, les grimpeurs n'ont aucune information entre eux. C'est comme si le grimpeur avait laissé une trace invisible de son passage sur le mur, un vortex que les autres grimpeurs empruntent.

À Briançon, je suis responsable du premier stage de Brevet fédéral d'ouvreur régional, une occasion pour moi de rappeler quelques points importants à connaître avant d'ouvrir une voie de compétition. Le plus important c'est la sélection des compétiteurs, qui doit se faire sur la réussite et non sur l'échec, en fonction de règles établies au préalable mais aussi du niveau des grimpeurs et de leurs erreurs (inattention, pression, peur, méforme). L'ouvreur doit prendre conscience du rôle essentiel qu'il joue dans une compétition. Il peut influencer la sélection. Il peut ouvrir pour un profil de grimpeur, physique, technique, intuitif.

Le grimpeur porte au travers du mouvement sa vision de l'escalade, l'ouvreur pourra éveiller chez le compétiteur de nouvelles possibilités gestuelles. Avec ces gestes inventés, il doit se demander ce qu'il transmet aux compétiteurs, aux spectateurs, à l'escalade... Lorsqu'il prend une prise dans sa main, qu'est-ce qui détermine la pose ? Une idée, une préhension, une orientation, un contexte, une sensation, un souvenir ? Je veux aider les futurs ouvreurs à prendre conscience de cet acte de création.

Avant son travail, l'ouvreur peut s'ouvrir lui-même, faire des assouplissements, faire le vide. Lorsqu'on ouvre en binôme, on retrouve l'importance de la cordée. Le sommet de cette cordée c'est l'ouverture d'une nouvelle voie. Seul on s'enferme vite dans des voies sans issue. Ouvrir à deux nous libère du sentiment de possession vis-à-vis de notre création. Le mouvement ne nous appartient pas.

Je trouve que les stagiaires dispersent leur énergie. Je leur rappelle que l'ouvreur n'est pas là pour grimper mais pour inventer des gestes, qu'il est important de se critiquer mutuellement. Je regrette qu'il n'y ait pas de femmes car il serait intéressant de connaître leur approche. Je partage mes interrogations sur l'avenir de l'escalade en tête en compétition. Peut-on continuer à inventer une escalade de compétition qui ne soit pas de l'escalade libre ? Doit-elle tendre vers une nouvelle pratique plus spectaculaire, plus rythmée ? L'escalade sur mur artificiel est une page blanche, un outil de création pour inventer des nouvelles voies d'expression.

*

En 1990, nous ouvrons avec Fabrice pour la compétition de Bercy. Nous n'avons plus de repère de difficulté ni de cotation car il y a bien longtemps que nous n'avons pas grimpé en falaise. C'est une erreur. Fabrice est fatigué physiquement et moi mentalement. Notre duo est solide, on tient bon, on fait cordée dans la vie vers un sommet que l'on ne connaît pas. Cette fois, nous avons deux jours pour ouvrir une voie. On n'a pas de marge physique alors il ne faut pas que l'on s'épuise à trop chercher les mouvements. On va créer des voies à thème avec la complicité de nos élans intuitifs. On va partir de l'intention du mouvement. Les voies ne seront pas trop lentes. Il faut du suspense.

Je construis sur le papier l'ouverture des voies comme une partition dramaturgique.

Première partie : vider, épuiser le plus vite possible l'énergie dont dispose normalement le grimpeur afin d'arriver à un point critique. C'est un enchaînement de mouvements rapides peu complexes, à prise franche la plus éloignée possible, qui demande aux grimpeurs de se laisser emporter par le flot. La respiration est rapide, intense, telle une locomotive.

Deuxième partie : un fouillis de petites prises pour perdre les grimpeurs. La respiration est posée. Il faut faire des choix de mouvements.

La troisième partie c'est un mouvement complexe qui permet de sortir de cette zone et valorise les grimpeurs qui ont l'esprit clair et déterminé. La respiration est intense, très courte, tel un kiaï d'arts martiaux. La sélection se fait sur un mouvement.

La quatrième section est intense et difficile. Il ne faut pas traîner, les grimpeurs sont dans une énergie de continuité. La respiration est régulée. La sélection est étalée.

En dernière partie, je préfère sélectionner le vainqueur sur la technique que finir sur du physique basique. Le grimpeur fatigué ne voit plus les solutions, il finit sur des impasses. La respiration est profonde.

Je ne cote plus la voie, elle est seulement sélective.

Je pense qu'il faudrait inventer une escalade différente pour la compétition. Il y a trop de mouvements techniques pour mousquetonner en rapport aux mouvements d'escalade. Je propose de grimper en moulinette jusqu'aux deux tiers du mur puis en tête avec un ou deux mousquetonnages. L'escalade serait plus rapide puis avec un final et des grands vols spectaculaires. On gagnerait en spectacle. Mais ma parole ne pèse plus. Les règles de la compétition se figent, la créativité n'est plus d'actualité. On cherche à faire du grand spectacle mais l'organisation est limitée par ces contraintes de sélection.

Pour chaque ouverture on se donne une contrainte, chaque prise posée est importante, chaque mouvement influence le psychique et le physique du grimpeur. Le compétiteur est le révélateur de notre création. La beauté du geste est dans l'éphémère. Le mouvement n'existe que pour l'instant de sa révélation. Notre création gestuelle se prolonge par l'inventivité des compétiteurs.

Depuis plusieurs jours je pense à la voie de finale femmes, rien ne sort. Cette voie me pose des problèmes. Lorsque je visse une prise sur le mur, il m'est impossible de modifier la première intuition. À chaque prise posée, un puissant aimant semble m'interdire de la modifier. Parfois les mouvements ne me plaisent pas mais je dois les accepter. Ma volonté de création est bridée, c'est une leçon d'humilité. Mais, finalement, cette voie sera une de mes plus belles. Elle s'est ouverte, elle était déjà écrite, je n'ai fait que la révéler.

En créant on acquiert de la puissance, nous avons vite fait d'oublier que nous sommes rattachés à l'univers. Créer c'est s'accorder à l'univers.

Pendant la compétition, le mur est face au public, le grimpeur est face au mur. Je suis juge dans les voies, je regarde le visage des grimpeurs en plein effort, je suis face à leur intimité. J'apprécie leur regard, le geste et l'esprit du grimpeur, mais je suis juge, je dois résister à la tentation d'entrer dans leur intimité.

En compétition, le but n'est plus d'arriver au sommet, le but est d'aller plus haut que les autres. Après leur chute, les compétiteurs ne sont pas satisfaits de leur prestation, ils sont malheureux. D'autres, très rares, ne sont pas mécontents de leur chute. Ils sont simplement tombés, ils sont détachés du résultat. J'ai de l'affection pour eux. La vraie victoire pour un compétiteur c'est de se libérer des éléments qui perturbent sa concentration et le plaisir de la grimpe.

Franck Scherrer est le premier entraîneur de l'équipe de France d'escalade, on donne ensemble le premier stage d'entraînement. Pour progresser, évoluer, il me semble important de ne plus grimper seul dans son coin mais de partager son escalade, d'échanger ses qualités et de prendre conscience de ses lacunes. Nous travaillons dans une traversée. La création à plusieurs c'est l'écoute, l'esprit de décision et de présence. On fait équipe.

*

En 1991, je deviens le premier chef ouvreur international, je reçois une médaille de l'UIAA. C'est une reconnaissance de mon travail. Pour le premier Championnat du monde d'escalade, à Francfort, je suis missionné comme chef ouvreur, je dois arriver au cours de l'ouverture pour superviser les voies. Une compétition devrait être comme une expédition dont le sommet serait un beau spectacle, mais il n'y a pas d'unité dans l'équipe d'ouverture. Les ouvreurs sont possessifs vis-à-vis de leur propre création, ils n'acceptent pas que je modifie leurs voies qui sont beaucoup trop difficiles physiquement et pas très intéressantes. Nous n'avons qu'une seule journée pour ouvrir trois voies – en 1986 lorsque j'ai commencé comme ouvreur, nous avions trois jours pour une seule voie. C'est l'usine à mouvements. Je suis censé grimper les voies en tête mais je n'ai même pas le temps de les enchaîner en second ! Il y a beaucoup de problèmes techniques, des mauvaises vis, des points d'ancrage mal sécurisés, aucun relais pour les ouvreurs, on doit participer au montage du mur... Mauvaises conditions de travail, surcharge, trop de pression : dans la précipitation j'actionne le manche du monte-charge qui m'écrase le biceps contre mur. Je hurle, mon corps réagit, mon biceps se bande pour ne pas subir, je me sens développer une force surhumaine. Très vite une femme au sol comprend et débloque la machine. Je finis mon travail du sol mais l'organisateur ne veut pas me payer, je n'ai aucun statut administratif, aucune assurance, pas d'autres ressources. Je me sens abandonné, utilisé, et tout cela pour une compétition ! Je sollicite intensément une aide de la Fédération française qui peine à me dédommager de quelques centaines de francs. Elle m'a pourtant plusieurs fois appelé en secours comme chef ouvreur pour sauver ses coupes du monde.

L'organisation et la Fédération me reprochent d'avoir critiqué la compétition dans le magazine *Vertical*. J'ai exprimé ce que je pense dans le but de faire évoluer la compétition. Je crie quand les mauvaises conditions de travail conduisent à un accident, que le travail d'ouvreur n'est pas respecté, que les compétiteurs sont oubliés. La dimension gestuelle n'est plus pertinente, je n'ai plus assez d'espace de liberté pour m'exprimer. Les murs deviennent de plus en plus déversants et les voies de moins en moins intéressantes gestuellement. La force est devenue le seul critère de sélection. Le plus important pour l'organisateur a été de réussir sa compétition aux dépens des ouvertures, de la qualité du mur et des conditions d'accueil des compétiteurs.

Je me suis blessé, je l'ai payé de ma chair. Je suis choqué, dégoûté, je stoppe net tous contacts avec la compétition. Ce métier d'ouvreur au nom évocateur est porteur de nouvelles richesses pour l'escalade mais il n'est plus reconnu à sa juste valeur ; je veux me consacrer au spectacle. De l'intérieur, j'ai voulu apporter une dimension de spectacle, créative, j'ai essayé de défendre les grimpeurs. La compétition m'a révélé ma dimension artistique. Face à la réalité du business, je ne suis plus à ma place. Je ne mettrai plus d'énergie à essayer d'améliorer la compétition, je vais me consacrer à ce qui me fait vibrer : l'art. Je vais mettre de l'énergie dans ce qui me plaît. Je garde la poésie, la créativité et le partage. Je leur laisse le résultat, le financier, la gloriole et la déception.

Je suis heureux, je recommence à gambader et je me fais une entorse. Mais pourquoi ai-je chuté ? Mon corps depuis quelque temps me parle. Une insomnie, un réveil nocturne, une bouffée d'angoisse... Il m'alerte, j'essaye de le rassurer. Mais mon corps n'a rien à faire de ma raison. Il exprime sa limite. Mon désir sans limite tente en vain de séduire mon corps sans son consentement. J'ai pris la hauteur à la légère.

Chapitre 9

Participer ?

Avant d'avoir 20 ans, je travaille déjà comme testeur. Avec d'autres grimpeurs de la bande des Parisiens, on teste pour la Fnac Sports des chaussons, baudriers, cordes… Tout est minutieusement comparé, j'affine mon sens critique sur les œillets, la gomme, le confort d'un chausson. J'adore mettre ma créativité au service de l'invention de nouveaux matériels. En octobre 1986, Asolo m'appelle en Italie pour élaborer une ballerine, « Opéra », et un chausson d'escalade, « Run out ». Le contrat m'impose de faire des compétitions. Je suis tiraillé entre l'intérêt d'être rémunéré pour inventer de nouveaux chaussons et cette obligation de participer à des compétitions. Je réussis à négocier seulement trois compétitions.

Je suis un poisson qu'on a pêché, l'hameçon me reste en travers de la gorge. Va-t-il déchirer mon for intérieur ? Mon noyau essentiel va-t-il disparaître si je ne l'écoute pas ? Je me fais rond pour aborder la vie anguleuse. L'épreuve me prouve que j'ai su garder mon corps malléable. Me raidir c'est me blesser à jamais et me mettre dans l'impossibilité de vivre avec cette déchirure. Dois-je lutter contre ce que vers quoi me porte ma vie extérieure ? Ma vie intérieure a-t-elle toute priorité ? Je suis en tension entre la notoriété de l'extraversion et le regard intime impitoyable de l'introversion. Cette tension est-elle une énergie que je dois exploiter ?

Ce choix, je m'en fais une montagne. Je suis sur le sentier de la gloire, face au vide de la vanité. Comme un forçat dans la carrière sociale, je creuse à coups d'ambition et d'angoisse, de volonté et d'écœurements, un tombeau dans des monts intérieurs. Dans le flanc défoncé de mon cœur, un torrent de roche brise le silence, l'éboulis crie.

La compétition je la connais dans d'autres sports. J'ai joué au tennis à haut niveau avant d'arrêter car je ne supportais pas l'injustice et la tricherie que génère la soif de victoire. J'ai gagné des compétitions de kayak, mais j'avais honte de brandir des coupes en toc qui ne représentaient rien. Je vivais à Paris en face d'un magasin de coupes et de médailles et je voyais des organisateurs partir avec leurs sacs remplis de bibelots.

Je suis issu d'une famille contemporaine, cultivée, engagée socialement, scientifique qui aime la nature et le défi, l'escalade nous relie. J'ai laissé les études pour me consacrer à ma recherche religieuse mais la compétition s'invite dans ma vie. Mon cœur bat très fort parce qu'il s'emporte à l'idée de compétition. Dois-je suivre cette voie qui m'appelle ou mener ma vie comme un art ? Si je me contente de suivre mes impulsions, je me fais ballotter de tous les côtés. Ma vie je la conduis à vue. J'ai un seul essai. Je n'ai pas de réponses à mes questions, il y a toujours une autre question. La vérité est inaccessible il y a trop de paramètres, il n'y a que ma vérité dans l'instant vécu. Ma seule vérité est le ressenti de mon corps, avec lui je ne me trompe pas.

Mon corps sait mieux grimper que moi-même. J'ai des élans impulsifs et un boulet cérébral et je suis la cage où tout se rencontre. La décision est un moment d'équilibre, je me dois d'aller dans telle ou telle voie, de faire tel ou tel mouvement, de prendre tel ou tel chemin. En escalade, j'arrive à sentir cet équilibre. Mais dans la vie c'est plus difficile, les secousses intérieures et extérieures me font perdre l'équilibre. Je dois m'écouter, écouter mon corps, ma fatigue, mon envie, ma volonté.

La décision génère de l'angoisse qui vient de l'anticipation de scènes qui n'arriveront jamais. Ma conscience dans le présent est si puissante que le pire ne m'arrive pas.

J'ai réfléchi. Il faut toujours revenir à l'impulsion initiale, c'est la meilleure, celle que je ne regrette pas. Dans l'intuition il y a une énergie que je ne domine pas, je me sens en conscience avec l'univers et j'ai confiance. Je ferai la deuxième compétition de Vaulx-en-Velin, en 1987. Je ne veux pas regretter.

À Buoux, je monte avec Fabrice au sommet de l'aiguille accolée à la falaise. On monte de l'eau et des vivres pour dix jours. Nous pratiquons la méditation zen matin, midi et soir. Nous pratiquons le zen avec la robe, le zafu, le gong, l'encens, Bouddha. Un matin, avant l'aube, je le vois briller comme une chandelle dans la nuit. Il attend fièrement de s'éveiller et de fondre en clarté. Son sang lumineux s'évanouit dans l'espace. Bénie soit l'étincelle. La fable sourit au faible. En lui descend le chant de l'oiseau.

On s'occupe de notre perchoir en enlevant la terre, en remontant un muret avec des pierres qui nous protègent du vent et du vide. On révèle un lieu, on imagine retrouver la secte des stylites venue se réfugier ici au IIIe siècle, on découvre une entrée par l'ouest comme dans les églises, avec un petit baquet pour recevoir l'eau bénite et se laver les pieds. Dans un mur de pierre, un cadre avec une sculpture détruite, nous y voyons le Christ. Nous lisons la Bible, je me prépare en méditant sur l'élévation spirituelle en haut d'un piton rocheux tel le stylite suivant les paroles de la Bible : « Ainsi ce n'est pas celui qui plante qui est quelque chose, ni celui qui arrose, mais Dieu qui fait croître ».

Je lis les poèmes de troubadours en l'honneur de la Vierge Marie. Je suis son troubadour et je lui offre mes louanges verticales. Ô vierge de pierre, dans le creux de ton corps j'ai trouvé refuge. Tu me permets de venir vivre en toi, je te remercie pour tous les dons que tu me fais. Je chante mon amour en escaladant tes entrailles.

Je me prépare à la grimper en mettant mes chaussons d'escalade dans une cérémonie.

Au pied d'une paroi ayant l'allure de mon désir le plus enflammé, je m'apprête à la réception à laquelle m'invite cette grande Dame qu'est la roche. Après m'être agenouillé à ses pieds, je pénètre mes précieux souliers d'escalade. Entre mes doigts, le lacet traverse l'un après l'autre le cœur de chaque œillet, je termine le laçage et finis mon rosaire en nouant deux belles boucles en forme de pétale de rose. Un gant de cuir bien tendu enserre alors la chair de mon pied pour que je n'oublie pas que l'ascension passe par le corps. Le chausson chante son bonheur, la gomme couine, libérant une douce chaleur adhérente qui parcourt ma ligne de vie. J'imagine mon pied comme une plante. Souple, la gomme sur les plats et bossettes adhère au rocher comme le grimpeur à la vie. Ferme, ma peur du vide ne provoquera plus sur les petites prises un tremblement incontrôlé. Je parfume ensuite mes souliers avec de la résine de pin provenant d'une sève printanière; elle rêve, courant encore sous l'écorce d'un arbre vers le lieu de sa métamorphose en lumière. Chaussé d'étincelles, je m'enflamme tel un phœnix. Je renais, c'est un autre qui grimpe.

Là-haut, sur notre piton, on devient des mystiques. Nous invitons Pierre et sa femme Josette à partager des aubergines à l'huile d'olive dans notre ermitage. Pierre Pessemesse, c'est le maire de Buoux, celui qui nous envoyait les gendarmes quand on débarquait comme des envahisseurs. Il savait qu'on avait grimpé sur la falaise interdite, mais il nous a ouvert ses rochers et sa cabane du Berger pour qu'on puisse y dormir. Il aime que ses maisons soient habitées. Il a créé l'*Auberge des Seguins* au fond du vallon de l'Aiguebrun, connue pour ses plats provençaux.

C'est un poète bourru et atypique. Il organise des pique-niques dans la montagne avec ses clients. Il va se cacher dans les blocs, les clients ne le retrouvent jamais.

Après le dîner, nous descendons de nuit en plaçant des bougies pour marquer chaque prise. C'est un souvenir inoubliable. Josette est curieuse de nos lectures, elle aussi fait des recherches symboliques sur la pierre. Nous remontons assez vite dans notre refuge. Du haut de mon perchoir je vois Marie-Laure, la fille de Pierre, qui fait sa vie. Il s'en va au Danemark pour donner des conférences en provençal et partager ses truffes. Nous descendons de notre retraite et nous sommes généreusement hébergés à l'*Auberge des Seguins*, Pierre n'est pas là et les souris dansent. On boit du champagne. Marie-Laure est passionnée de cinéma ; un après-midi on regarde ensemble *Metropolis* en couleurs. On s'embrasse et je remonte dans mon perchoir.

*

Je dois me préparer à la compétition, je ne veux pas participer, je veux être le premier. Si je participe à une compétition c'est pour être le premier sinon cela ne m'intéresse pas. L'important c'est de participer ? Non ! Je trouve la sentence de Coubertin pleine d'hypocrisie. Elle s'adresse à des notables désœuvrés et non à des sportifs de haut niveau.

Je me projette comme compétiteur : je dois être tranquille comme l'éclair et prêt à bondir sur la première difficulté. Pour gagner je dois réussir la voie et non vouloir gagner la compétition. Je dois réussir le mouvement et non réussir la voie. Je dois réussir à faire le vide plus que le mouvement. Pour réussir il faut de la volonté. Où puiser cette volonté ? Dans le désir ? La pensée ? La notoriété ? La soif de gagner ? Mon mal de vivre ?

Faut-il nécessairement réussir pour vivre ? Croire à la réussite n'est-ce pas s'aveugler ? Je ne crois plus en mes possibilités, en ma force, ni en mes pensées. Je vais me consumer en moi-même, sans air, sans flamme. Je vais me rétracter comme un plastique qui chauffe et finit cramoisi.

J'ai en moi un deuxième univers peuplé de désirs, d'impulsivité, d'émotions et d'images qui parlent à ma conscience. Je pense au mouvement dans la danse, le mouvement des étoiles, le mouvement artistique comme le Surréalisme, le mouvement dans les formes d'une sculpture. Le mouvement est une de mes vérités. Je le sens vivre au fond de moi. Mon corps déborde de mon trop-plein de mouvements, ils sont à fleur de peau comme les mots au bord des lèvres. Le mouvement est mon issue de secours. Il s'offre à l'autre.

Fabrice lit. Il ne veut pas grimper alors je fais quelques voies en solo. Cela le dérange et entre deux livres nous allons grimper. Je réalise, *J'irai cracher sur vos tombes,* 7c+, à vue. J'ai la hargne de grimper et je suis très léger.

Pour ma première compétition, à Vaulx-en-Velin, je fais une fête la veille de la finale. J'ai peur d'être grisé par la soif de gagner. Je ne veux pas devenir comme un animal sauvage qui découvre le sang de la victoire et veut tout dévorer. Alors je fume, je ne suis pas à ma place.

La compétition c'est échec ou réussite. Si je ne suis pas premier je suis en échec. Comment être satisfait sans être le premier ? La frustration fait partie de la compétition. À chaud, elle prend une valeur démesurée. Je dois me libérer de cette contrainte, chercher au fond de moi beaucoup d'énergie pour gagner. C'est violent. Je sens mon bras qui pénètre dans mes entrailles, je sens ma main qui descend au fond de moi pour en extirper mon feu profond, mon énergie vitale et tout ça pour être le premier, cela me fatigue.

En finale, je n'arrive pas à trouver les mouvements dans ce gruyère de prises. Je n'ai pas assez de continuité et je tombe dans la voie sans même arriver à me battre. Je termine second, loin derrière Didier Raboutou. Il est le premier à avoir mis au point une méthode d'entraînement très rigoureuse.

Le soir après la finale je fais un rêve : je descends de la voie, je me désencorde, je me change dans le vestiaire. J'ouvre ma valise qui s'ouvre sur un gouffre. Je me vide de mes rêves qui tombent à une allure vertigineuse, ce sont mes entrailles poétiques qui s'avalanchent. Une sensation indomptable me prend au corps. Je m'effondre dans la terre, je titube, c'est impossible de tenir debout, mes jambes flageolent. Je n'essaye pas de tendre les bras pour rattraper mes affaires. Le vide et l'échec me remplissent.

*

En juin 1987, pour préparer ma deuxième compétition sur les falaises au Biot en Savoie, je m'isole chez Denis Garnier au Cimaï, près de Toulon. J'ai des réveils hyperangoissés, le matin je revis une seconde fois mes cauchemars. Ils sont extrêmement violents, il y a souvent des morts, des meurtres. Ils sont si proches de la réalité, ils peuvent réellement se passer dans la vie. Chaque jour est une naissance douloureuse, chaque matin j'entends le cri d'un nouveau-né que l'on arrache à sa matrice. Je passe mes journées à me calmer. C'est un chemin de vie fatigant qui aspire mon énergie. Mon corps a le pouvoir sur moi. La voie de mon corps est le sens suprême de ma vie. Ne pas la suivre a des conséquences terribles. J'ai mal, je m'enfonce en moi-même.

Après avoir regardé le rocher, je grimpe très rapidement, je recherche la plus grande spontanéité. Le doute qui naît pour réaliser un mouvement est une perte d'énergie. Mais je ne doute pas de mon intuition. Je l'optimise. Je cherche la plus grande rapidité de décision dans le choix du mouvement afin de réduire le temps entre intuition et réalisation. Je condense la séquence intuition-décision-exécution jusqu'à ce que l'intuition et l'exécution deviennent synchrones. Il y a un grand espace d'énergie entre la force utilisée dans la réalisation d'une voie à vue et dans une voie après travail. C'est un problème de connaissance du mouvement et de la préhension. Si je suis mon intuition je ne me trompe pas, je grimpe comme si je connaissais les mouvements.

Mon mental a la même origine que le minéral.

Je fais des exercices techniques d'escalade. J'observe la trace laissée par le pouce, je mets des yeux au bout des pieds, je pose mon pied et je visse. Je pousse sur la jambe jusqu'au centre de la terre puis je passe sur la pointe du pied pour valoriser chaque prise. Je grimpe sans m'arrêter, je suis fluide.

La concentration permet d'aller chercher son énergie plus loin. J'ai une énergie de surface qui est musculaire et il y a aussi des énergies plus profondes que j'atteins par l'expiration dans le mouvement. Je fais des assouplissements, la liberté gestuelle va avec un corps non crispé, assoupli, disponible. J'ai alors un plus grand éventail gestuel. Je me fatigue moins vite et récupère plus vite. Je pousse les mouvements jusqu'à la limite de la chute. C'est la motivation profonde de l'escalade qui compte. Ma volonté est de placer l'énergie dans la profondeur de ma concentration et non dans la réussite du mouvement.

Je grimpe en tête pour fortifier la motivation et la concentration. Je me décontracte au mousquetonnage. Je dissipe la sensation des bras durs en envoyant des images de liquide dans les avant-bras. Je vois ma respiration dans mes vaisseaux sanguins qui purgent l'acide lactique. Mes études de biochimie remontent à ma conscience.

Au cours de l'échauffement, je m'observe et me corrige ; l'échauffement c'est le temps du corps, de la technique, de la concentration. Je ne brusque pas mon corps dans l'échauffement. Mon corps frétille au contact du minéral. Je grimpe avec mon corps à nu pour crucifier ma volonté de réussite. Ma volonté est là, mais elle est tournée vers l'intérieur, vers encore plus de concentration et les actions suivront d'elles-mêmes. Ma volonté est une énergie de concentration.

Je ne cherche pas une voie sur le topo ou sur le rocher, j'attends que le rocher me tende ses prises. Une voie m'appelle à la gravir. La roche attend mon histoire pour se révéler voie. D'abord je rêve le mouvement puis je grimpe avec ce rêve. Je rêve que je suis une petite fumée qui monte irrémédiablement et s'accroche le long de la paroi. Mon corps fluide s'infiltre dans les prises et je me laisse emporter par le flot du rocher. Je grimpe sans arrêter mon bassin. Je suis le plus détendu possible, ma souplesse est totale. Je suis un réceptacle ouvert aux mouvements que la roche me propose. Je ne grimpe pas en force pour ne pas être limité par un manque de force. Je n'exécute pas le mouvement. Je suis le mouvement. Je suis mon corps grimpant. Je réalise le premier 8a à vue de l'histoire de l'escalade dans la voie *Samizdat*.

Quelques jours plus tard, JB vient me chercher au Cimaï et m'emmène à la compétition du Biot. Je n'ai plus envie de participer. Je n'assume pas la contradiction entre mes convictions anti-compétition et l'envie que mes performances sportives soient reconnues.

Je lis *Ainsi parlait Zarathoustra* de Nietzsche : « Ô ciel au-dessus de moi, toi le pur ! Toi le profond ! Toi l'abîme de lumière ! Je frissonne de désirs divins en te regardant comme ça, à l'aube, tant tu es intense, puissant et serein dans l'équilibre de tes contraires. Me lancer dans ta hauteur – voilà ma profondeur ! Me cacher dans ta pureté – voilà mon innocence ! Ensemble, nous avons tout gagné. Ensemble, nous avons appris à grimper par-dessus nous-mêmes. Nous avons appris à nous dépasser pour parvenir à nous-mêmes. »

Lors de la compétition je me cache avec une couverture sur la tête. J'ai peur de me donner à voir comme compétiteur. J'ai honte des aménagements que les organisateurs ont faits dans la falaise. Je vois bien que les objectifs des organisateurs de compétitions ne sont pas ceux des amoureux de l'escalade et de la nature. Qu'est-ce que je fais ici au milieu de ces organisateurs et de ces grimpeurs ? Il n'y a que leur vie extérieure, leurs réalisations qui soutiennent leur façon d'être. Certains grimpeurs me font mal car ils ne se font pas plaisir en grimpant, ils sont tellement focalisés sur la performance, l'entraînement, la diététique qu'ils en oublient de vivre. Ils ne trouvent de plaisir que dans la réussite. Ils me fatiguent, je m'enferme dans mon mutisme, je n'ai rien à leur dire. L'esprit de conquête forcené me condamne à la frustration à perpétuité, le rocher devient un miroir stérile, un mur de prison. La dictature de la réussite me demande un mode d'emploi. Je suis mal avec moi-même, je dois dilapider mon énergie pour choisir : accepter de faire la compétition et m'investir totalement avec tous les sacrifices que cela comporte ou arrêter définitivement. Si je dois choisir entre spectacle et compétition je choisis le spectacle. Je veux travailler dans le milieu où je me sens le mieux. Les instants qui sont vrais sont ceux où je grimpe. Je suis fait pour grimper. Je perds mon temps à faire de la compétition alors que je sais déjà que cela ne me convient pas.

Je grimpe les deux voies de qualification, je les réussis et je remets ma couverture sur la tête. À la fin des qualifications, je suis le seul à avoir gravi les deux voies, je suis classé premier. Certains pensent que je connais déjà les voies. Patrick Edlinger, la star, organise une conférence de presse improvisée. Je suis accusé avec Marc de tricherie pour avoir grimpé dans la falaise un an auparavant. C'est vrai que nous avons grimpé dans cette falaise et nous ne l'avons jamais caché. Mais c'était avant que les voies de la compétition soient ouvertes. Ces arguments, personne ne les entend.

Il pleut des cordes, la compétition est annulée. Je suis déçu de ne pas m'être mesuré à Patrick en compétition mais soulagé. J'ai la satisfaction d'avoir contribué à faire annuler la dernière compétition internationale française sur falaise naturelle. Mon objectif est atteint, la compétition se déroulera uniquement sur les murs artificiels.

Voir la nature aménagée à coups de bulldozer m'a fait honte. Une chose au moins est sûre désormais : la compétition ne peut pas se dérouler en milieu naturel, elle a besoin de lieux dédiés comme les murs artificiels. Nous avons gagné la compétition avec la nature, il n'y a plus d'espèces sauvages, tout est aménagé, les chemins, les voies d'escalade... Nous devons réguler les flots humains car nous ne savons pas nous limiter. La compétition est un spectacle, ce moment doit être partagé avec des spectateurs et non avec les petits oiseaux que l'on n'écoute pas tant nous avons la tête dans le guidon. La compétition n'a pas de sens en milieu naturel.

Je pensais faire un podium alors j'avais préparé un discours pour la remise des prix ; celui de la mauvaise étoile. On me tend le micro : « Merci de me donner la parole car j'ai quelque chose à dire. Je demande une bouteille de champagne pour le vainqueur, c'est la fête du meilleur, il faut que la bouteille soit bien droite que le bouchon explose vers le haut et que sa mousse blanche nous éclabousse et nous fertilise. Cette compétition est sous le signe de la carrière, du sombre et de l'éclair. Les grimpeurs n'ont pas apprécié le déroulement de cette compétition. Pour cette compétition, des humains ont travaillé, certains rémunérés, d'autres bénévolement, ils se sont démenés parfois sans compter. La compétition est une bonne chose car elle nous permet, à nous grimpeurs, de vivre. Nous faisons le spectacle et nous sommes tombés dans le piège. Il y aura toujours des personnes plus hautes que nous pour récupérer les gains, la compétition n'est pas uniquement là où on le croit. Je cherche ma voie, je suis sans voix. Ce soir je perçois ma division. Je suis dans une orbite qui n'arrive pas à rejoindre son axe. Chers grimpeurs-rêveurs, nous voilà tous un peu plus défaits. »

*

La troisième et dernière compétition de l'année approche.

Je me prépare avec Marie-Laure qui est venue me rejoindre par le train de nuit de Paris. Elle n'a jamais assuré de grimpeur et, lors d'une chute, je vole, elle bloque avec réflexe la corde et part dans le vide, elle a eu peur pour ma vie et la sienne. Je suis amoureux et inconscient. On vit dans un habitat troglodyte au-dessus de l'*Auberge des Seguins* dans le vallon de Buoux. Marie-Laure est comme la perle dans une huître de pierre. Elle s'échappe vers les hauteurs comme la chèvre de Monsieur Seguin. C'est la chèvre d'or qui enchante le monde. Elle grimpe pour que chaque voie d'escalade soit le miroir d'elle-même. Chaque voie lui raconte une histoire. Grimper lui révèle une histoire poétique. En grimpant elle écrit un poème. On pratique l'escalade poétique, on se raconte nos histoires de voies au retour de l'ascension.

L'escalade peut devenir poétique quand la réussite n'est pas la seule finalité, quand le sens du mouvement est la finalité. On met des images dans nos escalades. On vit des journées d'escalade comme des cadeaux. Je n'ai pas d'objectif à n'importe quel prix. Nous grimpons sans sommet. On aime suivre l'appel d'une belle voie.

Je ne peux grimper avec personne d'autre que toi, Marie-Laure. Mon chant d'amour, il n'y a qu'à toi que je veux l'offrir. Ton visage sculpte mon visage. Mon visage s'est moulé à ton visage. Nos visages s'embrassent, ils s'envisagent.

Marie-Laure mon ange, je tombe amoureux, je passe ma vie à m'incarner.

Je me suis plumé les ailes pour ne pas monter trop haut. Trop haut, je me brûle les ailes.

Tu me portes par ton attention. Tu es mon ange gardien.

Je ne veux plus remonter. Je grimpe pour que ton visage s'émerveille.

Je n'ai pas gravi *Les mains sales* (8b) seul mais avec l'aide de la grâce. J'ai grimpé pour Marie et avec Marie-Laure. Je ressens le plaisir dans chaque mouvement. J'ai honoré cette voie ouverte par Marc.

Je me prépare et je lis *Le Symbolisme du corps humain* d'Annick de Souzenelle. Mon corps rêve ! J'écoute le rocher par ses trous, ses pores, j'entends sa musique, le sifflement du vent dans un trou, le chuchotement de la terre. La paroi est un visage, oreille, bouche, œil. Il y a la peau du mur sa chair et son ossature. Mon corps devient peu à peu à sa substance. Je me fonds dans le rocher je deviens rocher, je suis la sculpture négative d'un mouvement.

La compétition se déroule sur la falaise d'Arco en Italie. Je commence à faire les voies d'échauffement. Il y a beaucoup de grimpeurs. D'en bas j'observe les voies des finales. Elles sont pleines de prises taillées sur le rocher. Je sais que les ouvreurs en général ne savent pas bien tailler des prises. Ils taillent souvent les passages les plus difficiles. Les prises sont à doigts et les ouvreurs oublient de tailler des pieds. La difficulté est souvent juste une question de blocage. Je n'aime pas grimper ces voies car je ressens violemment ces mouvements dans mon corps. Ces mouvements ne sont pas naturels, ils sont désincarnés. Ces voies me repoussent, je n'ai pas de désir de les grimper, mon corps n'est pas une machine. Ce qui me plaît dans l'escalade libre sur site naturel, c'est être en relation intime avec le rocher. Moins il y a d'intervention humaine, d'acte volontaire et de création de prises, plus mon être grimpant pourra être en communion avec l'esprit du roc. La taille de prises directement dans le rocher suppose une relation avec un ouvreur. Je préfère développer cette relation sur les murs artificiels d'escalade. Il ne me faut que quelques instants pour retirer ma participation. Je n'ai même pas grimpé les voies de qualification. Mon sponsor italien est furieux. En public, il déchire mon contrat devant moi. Je n'ai plus de sponsor, je n'ai plus d'obligation de compétition. Je suis libre. Ma seule déception est d'avoir conçu la ballerine de spectacle Opéra et le chausson Run Out que je voulais encore améliorer.

Je suis soulagé et je reviens à mon amour de l'ouverture de voies.

Chapitre 10

Être ou paraître

Patrick Cordier est chercheur en neurosciences. J'ai entendu parler de ses solos marquants au Saussois et à Presles, dans le Vercors. Il a marqué l'escalade au tournant des années 1960 et 1970 : directissime française du Trollrygen, en Norvège, première du mont Ross, aux Kerguelen, première solitaire du Nose, dans le Yosemite. Il a rapporté de Californie les préceptes du *clean climbing*, qu'il a été le premier à appliquer dans le massif du Mont-Blanc. Il a fait un film sur son ascension en solitaire de la face sud du Fou, vêtu de blanc et un bandeau dans les cheveux. Puis il s'est tourné vers le Pakistan, les tours de Trango, la photo...

C'est à ce moment-là que nous nous rencontrons. Je le contacte et Patrick m'accueille chez lui à Presles. Pas plus que moi, il ne veut se reposer sur son passé de grimpeur de pointe. On n'en parle pas. On discute escalade et arts martiaux, j'écoute sa musique. Je rencontre Tina sa compagne avec qui je pratique le yoga, j'apprends des techniques de respiration, on fait des lavages d'estomac et de nez. Comme beaucoup de hippies, Patrick est allé à Katmandou. Il est resté très proche de l'Asie et affirme que l'escalade peut être pratiquée comme un art martial occidental. Je suis moi aussi passionné d'arts martiaux, je pratique le judo, le karaté, l'aïkido, l'aïkitaïso, le zen. C'est l'un de nos principaux sujets de discussion. Les arts martiaux ont été créés au Japon pour occuper les guerriers pendant les périodes de paix.

Le geste est lié à la vie et à la mort. Il naît de la rencontre entre un état d'esprit, une technique et une puissance. Comment retrouver cette unité en escalade où l'on a tendance à être obnubilé par la force ? Comment placer en escalade l'exigence d'un geste d'art martial ? Comment éprouver, même si l'on est encordé, cette dimension, symbolique, de vie ou de mort dans chaque mouvement ? Ces questions me fascinent. Je les aborde de façon très corporelle. Je pratique l'escalade comme un art martial. La voie est un kata.

Nous nous retrouvons à Buoux pour quelques jours d'escalade, de réflexion et de rêverie. Un compagnon de cordée, c'est important, si tu es en difficulté, il peut t'encourager. Lorsqu'il m'assure, il me donne la corde et me pousse vers le haut pour que je m'exprime.

C'est l'état d'esprit qui détermine notre pratique, on pratique l'escalade comme source de méditation. Je relie le pied au genou et le genou à mon centre de gravité. Je relie la main au coude et le coude au centre, je relie la respiration au centre. Plus le pied est à la verticale du centre, meilleure est la poussée. Plus les pieds sont en écart, meilleur est l'équilibre. Au pied de la falaise nous sommes attirés par la voie *Marabouta*, elle nous amène à méditer sur les bienfaits de l'escalade, sur son envoûtement. C'est la première voie de la journée, et nous voulons la faire en voyageant à deux. Nous nous engageons dans la première longueur, une fissure évasée qui a repoussé les grimpeurs et préservé son caractère d'évasion. Dans la voie, je ne cherche pas à m'enfermer dans la fissure, ce qui aurait augmenté la difficulté ! Au contraire, je laisse le vide naître entre mes jambes en repoussant les deux versants avec mes mains. Je laisse le vide vivre en moi. La seconde longueur, une dalle, nous emmène dans le royaume des lézards. Les pieds collés à la paroi, mon bassin caresse le rocher, ainsi je peux extraire la tête au soleil à la recherche des prises.

Je me concentre sur le bas du corps, j'ouvre des espaces de plaisir. Je grimpe en essayant de laisser sur le rocher une signature de grimpeur aussi fluide que possible, telle une petite fumée qui court le long de la paroi.

Patrick Cordier explore la « signature du grimpeur », la trace que laisse son bassin au cours de son ascension. Il réalise une expérience à la tombée de la nuit en plaçant une lampe sur le bassin d'un grimpeur et en prenant une photo avec un long temps de pause. La signature lumineuse du grimpeur est révélée sur une photo. Sur un mur d'escalade à Sallanches, j'ouvre une voie témoin la plus fluide possible. Il est possible de grimper sans que le bassin s'arrête. La lecture est facile, chaque mouvement est relié au mouvement précédent et au suivant.

Patrick cherche à déterminer ce qu'est un bon grimpeur. La signature de celui qui cherche fait des pelotes, celui qui grimpe en force signe avec des angles, le bon grimpeur a une courbe fluide.

La photographie est une passion pour Patrick, j'adore ses superpositions des tours de Trango avec les écrits bouddhistes. Il n'a pas eu la reconnaissance qu'il mérite, il en souffre, même s'il se cache derrière sa spiritualité. Il est mort à moto en 1996, je n'ai plus de compagnon de cordée mais je suis toujours relié à sa pensée.

Je jeûne et vais grimper à Bleau, je ne peux pas grimper longtemps mais c'est magique, je ne grimpe pas en force, je n'en ai plus, je découvre une nouvelle énergie, la puissance. Je lis *Le Zen dans l'art chevaleresque du tir à l'arc* du philosophe allemand Eugen Herrigel. Je me l'approprie en remplaçant l'art du tir à l'arc par celui de l'escalade – conçu « non comme une capacité sportive que l'on acquiert par un entraînement physique progressif mais bien comme un pouvoir spirituel découlant d'exercices dans lesquels c'est l'esprit qui ajuste le but, de sorte qu'à bien le mirer, l'archer [*le grimpeur*] se vise aussi lui-même et que peut-être il parviendra à s'atteindre ».

*

Mon image me tracasse, plutôt que de mettre l'accent sur mes performances sportives j'écris sur la grimace dans *Vertical*. C'est mon contre-pied médiatique. « L'escalade c'est le style, l'élégance, la perfection du mouvement, le bien-être et l'épanouissement du corps ! Enfin on trouve là au moins une description classique du grimpeur donnée dans les journaux. Mais c'est aussi un combat, parfois même une souffrance ! L'expression du visage à travers la grimace donne une autre dimension au mouvement qu'il est dommage d'écarter, ce qui est souvent le cas en photographie. Un grimpeur, c'est l'expression par son mouvement et aussi par son visage, il importe de ne pas les séparer. »

Vertical veut désigner les trente meilleurs grimpeurs du moment et me propose une interview. Je réponds au rédacteur en chef, Stéphane Deweze : « Cher ami, de retour à Paris je prends connaissance de ta lettre portant sur les élus du top 30. Je ne suis pas intéressé par ce type de proposition. Je te prie donc de ne pas compter sur moi pour une éventuelle parution dans vos éditions. Très sincèrement Antoine Le Menestrel. » Voilà ce que répond le journal : « Antoine est vraiment un cas à part et il le prouve. Quel type ? Quelle proposition ? Nous n'en saurons pas plus. Vous non plus, malheureusement. Bon au suivant. »

Ces journalistes ne prennent pas la peine d'en savoir plus. Leur réponse m'affecte. Ils m'ont proposé d'être dans un classement mais je ne veux pas être classé par rapport aux autres, sur quels critères ? Pour moi, un journaliste est un révélateur du monde. Mais parfois il veut construire son propre monde.

Je suis bouleversé par un livre d'Erich Fromm, *Avoir ou Être. Un choix dont dépend l'avenir de l'homme*. Je prie beaucoup et je suis sur Terre non pour moi mais pour me faire canal.

Je dois faire des photos d'escalade avec Gérard Kosicki pour la promotion de la compétition. On a bien accroché ensemble. Je le fais parce que l'on me le demande pour promouvoir l'événement. C'est une décision que j'ai prise : dans un avenir proche je veux vivre de l'escalade. Dois-je accepter de vendre mon image ? Je n'aime pas cette démarche. Je ne veux pas vendre mon image mais promouvoir ce que je fais. C'est un positionnement difficile mais peut-être que je m'en sortirai par le mouvement ?

*

Je fais partie d'un centre d'études spéciales des arts martiaux. C'est une petite communauté de douze personnes comme les douze apôtres. Nous devons rester en contact avec la vie professionnelle mais le reste du temps nous pratiquons la méditation zen, le karaté shōtōkan non compétitif, nous étudions les textes sacrés chrétiens et bouddhiques. Le rythme est martial, la pratique est très dure ; tous les matins à l'aube nous restons en posture zen pendant deux fois trente minutes. Le soir dans le dojo, les entraînements de karaté sont épuisants avec des allers-retours à croupetons. Ma voix intérieure m'envahit, je suis quotidiennement submergé par mes émotions et cette pratique de la respiration me fait beaucoup de bien. J'apprends à laisser passer mes pensées comme des nuages dans le ciel. J'apprends à faire le vide. Heureusement, Marie-Laure est là comme une ange gardienne, mais elle ne veut pas pratiquer et les femmes sont ici mal vues. On me dit qu'en vivant avec une femme je n'arriverai pas au but. Je souffre de ce manque d'estime pour les femmes : comment est-il possible de les écarter ? J'ai une chape sur la tête, ceux qui ne sont pas dans « la voie » ne sont pas dignes d'être côtoyés. Mon seul espace de liberté, je le retrouve lorsque je vais à Buoux. Mon ciel intérieur s'ouvre et je vis par moi-même.

Je mange peu, trop peu, je ne grimpe plus je ne vois plus mes parents. Je passe une semaine dans une cellule de moine en mangeant un seul gros pain Poilâne. C'est violent je mène toutes les cessions de zazen à l'aube et le soir je suis maître de cérémonie. Je lis, j'étudie la Bible et les maîtres zen dont Deshimaru. Je fais des parallèles avec le symbolisme du souffle dans la chrétienté et la respiration zen. Le deuxième thème qui me passionne c'est la verticalité de la posture zen et la symbolique de l'ascension dans la chrétienté mais aussi dans la mythologie et la poésie.

Un jour, je suis allongé dans mon lit, affaibli par les jeûnes, la méditation et les entraînements très physiques d'arts martiaux. Enfoncé dans le matelas, je m'abandonne dans un puits sans fond, je tombe dos au gouffre, je récite des prières à Marie, je lui demande de m'aider, je tombe toujours le visage face au ciel, je tends les bras, je tombe encore et toujours c'est comme une chute sans fin, je sens que je vais disparaître. Depuis plusieurs heures, je tombe dans mon vide infini. La chute est maintenant si longue que je ne suis plus angoissé. Enfin une main s'approche de moi, Marie a entendu ma prière, j'ouvre les yeux et je vois Marie-Laure, je souris. Elle me ramène à la surface et s'inquiète de moi. Elle me sauve. Pendant quelque temps je reste inanimé comme vidé de toute vie. J'erre dans le monde avec un corps sans vie mes gestes sont vides de sens. C'est l'impulsion. On emménage ensemble à Paris rue de la Lancette.

En décembre 1988, je participe à un sesshin, au temple zen de la Gendronnière, près de Blois. La retraite comporte plusieurs méditations par jour alternées avec de la lecture et des activités quotidiennes comme le ménage, la préparation du repas. Je cherche à être concentré dans chaque chose, il n'y a pas d'activité plus importante qu'une autre. Je suis ordonné bodhisattva. Je fais des vœux : « Ayant le courage d'affronter la vie et la mort, je refuse le nirvana pour aider les êtres à trouver l'éveil, moi trempé dans le monde terrestre, conscient du danger mais redoublant d'attention. Par la lucidité, la vigilance, s'opère le processus de libération ; cette attention est l'état de tension véritable. Si nombreux que soient les êtres, je fais vœu de les sauver tous. Si parfait que soit Bouddha, je fais vœu de le devenir. Je fais vœu de ne pas tuer, ne pas voler, ne pas convoiter, m'abstenir de sexualité sans amour, ne pas mentir, ne pas m'intoxiquer le corps ni l'esprit, ne pas calomnier, ne pas discuter des manquements, ne pas me glorifier, ne pas dénigrer, ne pas être avare, ne pas me mettre en colère, ne pas blasphémer les trois trésors : Bouddha, Dharma et Sangha. »

À la Gendronnière, David m'aborde. C'est un moine zen, il est grimpeur et m'a reconnu, il a senti mon énergie. Il connaît Pierre Pessemesse. Il m'offre un texte qu'il a écrit, une légende de Buoux qui fait intervenir l'aubergiste des Seguins et des moines-grimpeurs stylites. Le texte parle d'initiation mystique et d'escalade. Il semble annoncer avec dix ans d'avance ce que nous sommes en train de vivre sur notre piton rocheux. C'est incroyable ! David me dit : « Ne monte pas trop vite, tu vas te brûler les ailes, grimpe pas à pas. Tu as beaucoup d'énergie mais tu ne dois pas la gaspiller. » J'ai une illumination c'est comme si un ange gardien m'avait parlé.

Me voilà engagé vis-à-vis de moi-même et dans la voie de la sagesse. Je vis au rythme du zen matin et soir. La première fois que j'ai fait zazen avec mon kesa, j'ai senti que j'étais un autre homme avec ce nouveau vêtement qui me protège, le vêtement du détachement. Je m'engage dans la voie du Bodhisattva et une petite partie de moi part dans une autre direction avec Marie-Laure. Lorsqu'un courant naît, son contraire apparaît, comme sur une rivière. La contradiction est une prison de passage, y demeurer c'est laisser nourrir le doute. Je dois avoir confiance en moi pour porter jusqu'au terme mes contradictions afin d'enfanter une réponse transcendante. Je rêve de concentration, d'unité et de simplicité, et pourtant depuis un mois je suis très angoissé. Je suis feu, je suis le fils de la Terre et du Ciel. L'univers me protège et il m'enseigne par le corps. Mon ascension passe par le corps.

Je prends le temps de rêver pour nous aimer. Avec Marie-Laure nous assistons à une représentation en plein air de *La Flûte enchantée* de Mozart, je me tords les mains de douleur ; j'apprends qu'une chambre se libère, je vais pouvoir déménager et me rapprocher du dojo. Je sens que je dois passer par cette étape même si j'ai le pressentiment que cette histoire n'est pas très saine, j'ai peur. C'est irrésistible et terrible. Je ne sais pas très bien qui je suis. La communauté des grimpeurs ne me satisfait plus, j'ai besoin de profondeur intérieure et non de celle des prises. L'idée d'un lieu où je relie escalade, arts martiaux, spiritualité et mode de vie atypique m'attire. Je me prépare à une vie monacale.

J'observe ma voie. Je vais relier le bas et le haut, le plein et le vide, le corps et l'esprit, l'intérieur et l'extérieur, le privé et le public, le sport et l'art, la nature et l'urbain, je suis à la croisée des mondes. J'ai trouvé ma voie, mon épanouissement est ma voie. Ma voie est sans fin. Il n'y a plus de sommet. La voie est mon sommet.

Tous mes efforts pour progresser ne sont pas pour réaliser ma voie mais pour aider les autres à réaliser la leur. Je ne peux sauver personne mais je peux juste accompagner chez l'autre l'élan de sa révélation.

Celui qui veut grimper descend dans ses profondeurs.

Je remercie la roche pour m'unir à elle. J'essuie mes pieds pour ne pas douter. J'expire pour devenir une petite fumée. Je fais le vide pour que tous les possibles puissent exister. Je me condense pour que l'impulsion du geste puisse jaillir. J'invite la grâce pour que mon ascension soit une louange. Si je m'accroche, je peux tomber ; si je ne m'accroche pas, la chute n'est pas à craindre. Je grimpe avec la fluidité de l'eau, la légèreté de l'air, l'agilité de la flamme, la confiance de la pierre.

Chapitre 11

L'ART EN VUE

Enfin, je me consacre à l'art. Je suis une éponge qui s'imbibe du monde extérieur mais il faut parfois la presser. Je suis allé à l'école des Beaux-Arts à Paris pour déposer un dossier de candidature, mais j'ai seulement quelques dessins dans ma pochette, c'est insuffisant. Cette frustration augure-t-elle le pire ?

L'amour, l'art et l'escalade sont mes trois piliers. J'ai maintenant la possibilité de réaliser mes rêves ; j'ai de telles attentes que j'ai peur. Cette peur ne doit pas m'angoisser, elle doit me donner la force d'entreprendre, je ne peux plus revenir en arrière. Je vais donner ma vie à l'art pour devenir un poète. Trop de fois j'ai eu honte de l'écrire et j'ai barré ce mot, écarté cette pensée. Je dois y croire ; je ne peux pas, si jeune, avoir eu conscience de cet élan et ne pas oser, c'est indécent.

L'avenir seul me le dira, je peux aspirer à mon exceptionnel.

Je dois aller chercher des crânes au cimetière pour y mettre des petites lumières comme des clignotants. Je ne comprends pas les images qui m'arrivent mais je sens que je dois les exprimer. Je dois faire un *press-book*, des photos dans *La rose et le vampire*. Je dois rencontrer des artistes... Il y a des équilibres qui vivent de tant de détails qu'on se demande si le moindre souffle ne les renverserait pas. La vie peut être si dure lorsque l'on est conscient. Je me parle à moi-même. Attention, Antoine, ne va pas trop vite, ne fais pas tout, tout de suite, tu ne peux pas le supporter avance pas à pas, ton potentiel tu le détruirais en allant trop vite car tu deviendrais non réceptif, tu serais un feu de paille, tu as la vie devant toi malgré les nœuds que tu as dans le ventre et dans ta tête. Mais concrètement, qu'est-ce qui m'angoisse ? J'ai la vie devant qui s'ouvre à moi, que vais-je devenir ? Je ne vois pas d'issue. Je dois seulement avancer.

L'humanité se perd, et moi avec. Il faut nous chercher un avenir. Et vite, car le réel ne rêve pas longtemps. Il ne faut pas laisser s'éteindre la lumière des rêves, je dois me hâter de la réveiller. La créativité est notre avenir. Notre impulsivité créatrice est révélatrice de notre humanité. Il nous faut inventer d'autres références qu'une croyance aveugle dans la valeur de la croissance. Pour cela, je dois connaître mon siècle et ses valeurs. La réponse n'est ni en Dieu ni dans la science ni dans l'argent. L'humain est-il obligé de croire à un système de pensée ? La verticale a une dimension qu'il faut honorer. Je voudrais travailler avec la réalité de la pesanteur. Ce qui est pesant et superficiel est négatif. Ce qui est léger et profond est positif. J'aime la gravité profonde et les façades légères. Je veux développer toutes mes facultés pour faire jaillir les mouvements de mon corps. Si je me vide de mes mouvements que reste-t-il ? Si je vide ma pensée que reste-t-il ? Qui a-t-il d'immuable si je donne tout ? Cette recherche me fascine. Aucune idéologie n'est vérité, ce sont des béquilles, seules mes profondeurs sont véritables. Ma phrase clé : « Les œuvres d'art naissent toujours de ce qui a affronté le danger, de ce qui est allé jusqu'au bout d'une expérience jusqu'au point que nul humain ne peut dépasser. »

Le mystère est attrayant. L'inconnu est attractif pour la conscience. L'inconnu est mon sommet. Il me faut trouver ma religion, celle qui me relie à moi-même. Bien vivre avec moi.

Je fais des photos avec Philippe Poulet sur une sculpture à Grenoble. J'écris *Le grimpeur du val.*

Sur les rivages de la ville, j'ai erré, imprégné d'un brouillard dont je ne sais plus s'il provient de la brume matinale ou des fumées des usines. Il y a, au milieu d'un gazon parfait, une sculpture en pierre. Elle est coincée entre des immeubles, une autoroute, un cimetière, trois résineux. Ce monolithe semble échoué là à jamais. Il m'appelle tel un totem à suivre le chemin de la guérison. Lorsque mes doigts picotent d'inactivité, une irrésistible envie de grimper surgit du fond de mes entrailles et me pousse à me dépasser pour me trouver. Cette sculpture revit un instant, grâce à mon escalade. Ses courbes m'invitent à me blottir, ses lignes élancées m'inspirent. Du haut de mes quelques mètres, je contemple le monde en dessous. Cette hauteur me permet de ne pas être imbibé de l'atmosphère glauque qui, à mon insu, s'insinue au fond de moi-même. Il y a cet instant où plus rien ne compte. J'oublie tout. Je danse et grimpe avec la sculpture et pour le photographe.

Quand l'imagination se libère, il n'y a plus de contradictions, tout devient possible. J'étais un grain de poussière, je suis maintenant une graine tourbillonnant dans le vent. Où est ma terre fertile ? Je me laisse emporter par le vent de la vie vers des territoires fertiles et ensoleillés. Je m'élèverai et un jour je donnerai des fleurs inspirantes et des fruits créateurs.

*

Novembre 1986. Jean-Marc Blanche a conçu à Val de Fontenay un mur-sculpture qui ont vocation à démocratiser l'escalade dans la cité. Il m'invite à l'inaugurer. Ça ressemble au choix à un dinosaure de BD ou un vaisseau spatial style années cinquante », écrit Sylvain Jouty dans *Alpi Rando*. « De près on dirait plutôt un gruyère vertical, bref, la structure [...] n'a rien d'un "mur", bien qu'elle soit incontestablement "d'escalade"... quoi qu'il en soit, la chose est réussie ! »

Je suis plein de doutes, je ne veux pas faire de démonstration d'escalade, je veux faire un spectacle. Je ne vais pas y arriver seul, je propose à Fabrice de profiter de cette occasion pour créer un spectacle. J'écris un récit, *La Clef*, l'histoire d'un personnage qui se guérit en allant faire de la danse. Deux personnages arrivent par le sol, l'un titube, ivre de souffrance, l'autre le soutient. Ma tête me fait mal, si mal qu'elle aspire toute mon énergie. Je ne vois plus rien, je suis trop faible, il me faut une bombe atomique pour détruire cette souffrance intérieure qui aspire toute mon énergie. Je suis fatigué de souffrir. Autour de moi il n'y a rien... En moi il n'y a rien d'autre que cette boule d'acier qui, comme une balle, rebondit sur les parois de ma cage cérébrale, le bruit claque comme l'acier sur le verre. Seule une promenade verticale apaise mes crises. La guérison se trouve dans un corps-à-corps, deux corps qui s'emboîtent, un mur et un corps qui ne font plus qu'un. Je veux faire corps avec tout ce qui m'entoure, la vie, la matière, l'esprit, faire corps avec le monde.

« C'est d'un beau jeu que l'inauguration a été prétexte, conclut Jouty : un spectacle conçu par Antoine Le Menestrel et Fabrice Guillot, bateleurs de la grimpe, intitulée *La Clef*. Les deux compères ont su à merveille utiliser l'espace vertical, inventer une histoire, transfigurer l'escalade en un spectacle total, à la frontière de la danse, du théâtre, du mime. »

C'est notre premier spectacle. J'ai invité Laura De Nercy et Bruno Dizien, les chorégraphes de la compagnie Roc in Lichen qui viennent de créer le spectacle sur un décor avec des prises, *Le Creux poplité*, et ils nomment leur pratique danse verticale. La rencontre se fait.

On me propose d'inaugurer le mur de Reims. Je ne veux pas d'une démonstration d'escalade, j'obtiens de la musique et de la lumière. Le spectacle est une gestuelle de l'instant. Je joue avec le vide et la vie, je suis en équilibre. En spectacle, j'ai le plaisir de donner ma présence, je ne suis pas derrière une vitrine mais je suis avec vous, je ne fais pas semblant de ne pas vous voir je vous vois. Vous ne regardez pas la télévision, je suis vivant. Une flamme intérieure me pousse toujours. Je prends conscience de mes possibilités. J'ai le plaisir intense de découvrir une ondulation à mon corps.

Le spectateur doit voir à travers mon corps flamboyer mon intimité.

La répétition d'un même geste finit par modeler mon corps, je suis comme une sculpture. Mon rêve a besoin d'un mouvement pour exister. Ma danse est un rêve qui entre dans la réalité pour faire chanter le mur. Mon geste doit s'appuyer sur la poétique du corps, du mur et de mon esprit. Je cherche à me libérer de tout ce qui est établi par les habitudes sclérosantes. Comme dirait Michaux : « Danser-grimper pour se parcourir ». L'homme, l'artiste, l'œuvre forme un tout. Le rêve devient l'événement normal. Je ne vois bien qu'avec mon corps. Je cherche une façon de ne me déplacer ni comme un grimpeur ni comme un danseur. Je cherche un mouvement vivant qui est juste car il est accordé à toute chose. Depuis mon enfance je grimpe, je vais mettre de l'enfance dans ma danse. En improvisation comme en escalade à vue, le corps crée dans l'instant.

Me voilà engagé dans la réalisation d'une voie entièrement nouvelle. Je l'ai découverte alors que je cheminais le long de mes parois intérieures. Adossé à la pierre, je réalise une première ascension, *La voie du Lézard.* Tout en contemplant la vallée, je savoure la longueur précédente. La paroi se redresse au-dessus de moi, je me mets à douter. Quand un lézard émerge, il vient des profondeurs abyssales de la pierre, il a faim de se réaliser ! En pleine paroi sa petite tête découvre le monde ; un vide immense, un silence effrayant. La paroi inconnue est la seule possibilité qui s'offre à lui pour aller en quête de la lumière désirée et de la nourriture vitale. Aucune voie n'est visible, pas une trace pour lui indiquer ou poser les pattes. Devant toutes ces voies possibles, un homme aurait hésité, mais le lézard s'élance ses quatre pattes accrochées à la paroi ; à chaque instant, il trouve un mouvement qui lui permet d'avancer vers l'inconnu de sa destinée. En parcourant la paroi verticale avec détermination, il révèle une voie cachée sous l'écorce minérale, une voie qu'il avait pressentie au temps où il sommeillait dans le creux de la pierre.

Aujourd'hui, beaucoup de voies existent, soyons comme ce lézard débutant qui ne connaît rien et veut découvrir sa voie. Ainsi nous aiderons les autres à découvrir leur lézard et réaliser leur voie. Posons notre oreille contre la pierre, écoutons battre le cœur du lézard. Je remercie le rocher, je confie ma vie à l'assureur, je respecte mon corps, je respire profondément, je donne le meilleur de moi-même. Je dois m'en remettre à ma voix intérieure, c'est mon amie.

*

Je rends régulièrement visite aux chorégraphes Laura de Nercy et Bruno Dizien. Ils m'apprennent à m'assouplir au sol, à placer mon corps, à mettre de la conscience dans le corps pour mieux être présent. Je m'occupe de mon corps, il se dénoue, se fluidifie. Cette barre au sol je la pratique encore tous les jours.

En février 1988, nous créons le spectacle *Un dimanche à Ouz'Bad* pour les Hivernales d'Avignon dont la thématique est « danse et sport ». Ce festival est dirigé par Amélie Grand, une grande dame de la danse qui accompagnera mon parcours chorégraphique et m'invitera dans ce festival à plusieurs reprises. Fabrice Guillot fait partie de la compagnie avec Héla Fattoumi, Éric Lamoureux, Ingrid Temin. Nous sommes en résidence à la Chartreuse de Villeneuve-lez-Avignon, dans des cellules de moines. Je lis *L'Imitation de Jésus Christ.* « Dieu regarde moins à l'action qu'au motif qui fait agir. Dans toutes vos actions, dans toutes vos pensées, vous devriez être tel que vous seriez s'il vous fallait mourir aujourd'hui. Soyez donc toujours prêt et vivez de telle sorte que la mort ne vous surprenne jamais. » Je me flagelle parfois le soir d'avoir été égoïste, d'avoir voulu m'élever. Je jeûne beaucoup trop, je suis faible et je m'endors sur scène derrière le mur pendant le spectacle. Bruno m'engueule. Je mélange la méditation, la prière et une vie artistique parfois débridée. Je m'enfonce dans une solitude profonde. Je vis mon rêve de faire du spectacle mais je ne suis pas entièrement là, je ne suis pas en union avec moi-même. Je suis désincarné. Je ne me souviens plus des personnes que j'ai rencontrées à cette époque.

De nouveau, une énergie contraire me retient au moment où je tends vers l'art et ma révélation : il y a eu ma timidité, mon père, les études, le haut niveau, la compétition, la spiritualité.

Les édifices d'Avignon sont en molasse, comme la falaise de Buoux. Je ne suis pas trop perturbé par cet environnement urbain. Je passe devant le palais des Papes. Je rêve de grimper cette façade. Derrière le mur, il y a la cour d'honneur et son festival. Ce rêve se réalisera trente ans plus tard.

Nous créons *Rosaniline*, un spectacle de danse verticale, au théâtre municipal d'Angers. Puis c'est ma première tournée : Rouen, Chambéry, Le Creusot. J'adore être au service de la compagnie Roc in Lichen. Le matin je me promène en ville. Je suis comme un étranger qui découvre le monde. Je visite un parc ou un musée, je me vide de ma vie et je m'habite de disponibilité artistique. L'après-midi, je concentre mon énergie ; le soir, en spectacle, je me veux lumineux.

Bruno me propose de donner un stage de danse escalade à Yerres, près de la ville de mon enfance. Nous souhaitons sensibiliser les stagiaires à la gestuelle propre à ce nouveau support d'expression verticale. Quelle que soit la hauteur, la chute est possible, le mouvement est toujours lié à un engagement. Nous proposons aux grimpeurs une approche du mouvement séparé de sa réussite afin de laisser apparaître des nouveaux horizons gestuels.

Nous explorons l'élasticité et la tension du corps, les transferts de poids, l'allongement des pointes de pieds, la rotation des épaules, la position du bassin en relation avec le reste du corps. Tous ces exercices sont proposés sous forme d'une séquence de mouvements dans laquelle nous insistons toujours sur une expiration profonde dans le bas du ventre. Nous allons au bout du mouvement, si loin qu'il entraîne un autre mouvement. L'atelier bras long impose de se placer avant d'aller chercher la prise. C'est la prise qui vient à nous. On s'assouplit au sol afin de gagner en récupération. Un muscle qui a été sous tension doit aussi apprendre à se détendre. Nous mettons de l'énergie à nous assouplir.

Avec Fabrice nous retournons dans une grotte aux Eaux Claires. On lit beaucoup, on grimpe un peu, je suis en manque d'escalade, on écrit ensemble nos désirs de spectacle : « Animons les hauts murs de nos cités obscures. Le mur est mûr, cueillons-le. Retrouvons-nous sur les murs de nos cellules. De part et d'autre de nos murs, élevons-nous vers notre rencontre... » En mai 1989, nous créons la compagnie de création verticale Retour Amont. Le nom vient d'un poème de René Char, « Sept parcelles de Luberon », dans le recueil *Retour amont.*

« Ton naufrage n'a rien laissé
Qu'un gouvernail pour notre cœur,
Un rocher creux pour notre peur,
Ô Buoux, barque maltraitée ! »

Nous avons la volonté de vivre de l'escalade pas seulement par notre niveau de performances. Nos propositions vont de la création de voies, aux inaugurations de murs d'escalade. Cette diversité s'avère pour nous très importante car elle élargit notre vision. L'escalade ne se limite pas à un loisir, à un sport où un moyen d'expression, elle est tout cela et bien plus. L'escalade n'est pas un but mais un moyen : c'est une voie d'épanouissement.

Roc in Lichen accompagne notre jeune compagnie et nous offre carte blanche pour un stage-création, *Le Gyromancien*, dans le cadre du festival des Îles de danses. La Maison pour tous de Torcy est avec nous pour nos premiers pas. Nous formons cordée entre danseurs et spectateurs. Nos gestes et nos actions doivent être liés à notre moteur intérieur. L'art du danseur c'est de faire passer ses émotions aux spectateurs à travers ses gestes. La prise de risque n'est pas la finalité mais elle est indispensable pour se transcender. Prendre le risque c'est vivre. Le risque est comme l'étincelle au départ du mouvement. En improvisation comme en à vue, il faut aller à sa première intuition, elle est source du flot.

Les Belges inventent le concept de mur d'escalade privé. À Courtrai, les compagnies Retouramont et Roc in Lichen organisent des Rencontres d'escalade, soutenus par *Vertical* et les cordes Béal. Sont présents les meilleurs grimpeurs du moment : Nanette Raybaud, Robert Cortijo, François Legrand, Agnès Brard, Stéphane Poussardin, Ron Kauk, Corinne Labrune, Isabelle Dorsimond, Jean-Pierre Fine, JB Tribout, Yuji Hirayama... C'est un moment convivial et de partage très fort. On se fait plaisir à inventer des mouvements sans contrainte de sélection. On s'amuse à ouvrir des mouvements d'escalade les plus incroyables pour l'époque : le croisé de la Rose, le yaniro. Il y a une voie, axée sur la recherche gestuelle graphique, que les grimpeurs parcourent dans une mise en scène de l'espace visuel et sonore ; la corde laissée au sommet élimine les mouvements de mousquetonnage. Ce temps nouvellement imparti et ce mouvement libéré sont une porte ouverte à l'expression du grimpeur comme danseur. Dans un esprit de spectacle le mousquetonnage est une sortie de rythme, il y a un autre but que celui d'arriver en haut. Au travers de sa gestuelle, le grimpeur inscrit sa personnalité et son émotion.

On répète avec Fabrice au Centre d'expérimentation sociale de Ris-Orangis. C'est un creuset de créateurs : Paulo, le sculpteur surréaliste, Jean-Marc Blanche et ses sculptures d'escalade populaire, les musiciens des Têtes Raides... Un lieu en marge de la société qui est le terreau d'une vitalité créative et salutaire pour la société. Nous créons *Les Balcons du vide*. Dans mon sommeil profond, je tombe dans le vide et je veux m'appuyer sur cette image et cette émotion pour transformer cette chute en envol. Nous cherchons tous deux sans direction et c'est fatigant. Je perds ma créativité. J'ai besoin de me recentrer et de donner des directions à mon imaginaire débordant. Nos univers ne s'accordent plus. C'est difficile d'être à deux car il faut saisir les instants de créativité, faire des choix, parler aux autres membres de la compagnie, j'ai envie de parler d'intimité. J'ai un univers qui veut s'affirmer. Je dois laisser vivre mon élan créatif. C'est insoutenable, je dois gérer ma violence. Je me pose beaucoup de questions sur notre relation. Nous devons clarifier nos rôles. Je vais mener la chorégraphie et Fabrice se concentrer sur sa danse. Le spectacle *Les Balcons du vide* est lauréat des bancs d'essais internationaux. Je sens que je peux enfin voler de mes propres ailes. Fin janvier 1992 c'est la séparation avec Fabrice. Nous sommes convenus qu'il garde le nom de la compagnie Retouramont. Je garde le spectacle *Les Balcons du vide.*

*

En février 1992, avec mon ami grimpeur Franck Scherrer, nous fondons l'association Lézards Bleus dont il est le premier président. Lui succéderont Yves Tripard, Sandrine Neel et Myriam Waelkens. Leur engagement à mes côtés est essentiel à mon expression artistique. Grâce à eux je me révèle, je me développe pour les beaux yeux des spectatrices et des spectateurs. Mon rêve est vivant.

Chaque spectacle est une recréation unique pour une partition architecturale spécifique et un contexte humain particulier. Je développe une vision poétique de la verticalité au cœur de la cité. Le mur est mon espace d'expression. L'acte artistique est mon sommet.

Je suis désormais un serviteur qui dévoile sur les murs une voie poétique, dont le sommet est le public. Entre le ciel et la terre, tel un folambule, je voyage à la rencontre de mes rêves. Je les rends sensibles afin qu'ils deviennent des rêves dans vos têtes, une réalité dans vos corps. Par ma présence solitaire, je révèle l'échelle humaine. Je suis un allumeur de rêves. Je sonne les cloches du rassemblement poétique. Dans un corps à corps avec les façades, face au vide, je mets pacifiquement en jeu ma vie pour en dévoiler la fragilité.

Mon corps est un pinceau sur la toile. La peinture est la trace poétique que je laisse dans la tête des spectateurs. L'architecture est la toile sur laquelle s'appuie ma chorégraphie.

Je caresse la matière de l'édifice. Je la palpe, la touche, la prends à bras-le-corps afin d'épouser ses recoins, ses angles, ses rebords. Je révèle poétiquement l'architecture dans son ensemble et aussi dans ses détails insolites. Après mon passage le mur sera là, bien planté, mais votre vision en sera transformée. Je ne change pas le monde, je change le regard sur le monde.

Épilogue

Descensions

J'ai écrit cette première partie de ma vie jusqu'en 1992, c'est mon année charnière. Cette année-là, j'arrête définitivement le top niveau en escalade, j'arrête mon métier d'ouvreur de compétition internationale d'escalade et je quitte la compagnie Retouramont qui poursuit son aventure avec Fabrice. Je me consacre à ma vie d'artiste au sein de la compagnie Lézards Bleus mais aussi avec d'autres compagnies. J'emménage avec Marie-Laure Pessemesse. La naissance de Joakim est comme un cadeau de la vie et je diminue ma prise de risque. Pierre Pessemesse nous marie au cœur du vallon de l'Aiguebrun, il décède en 2018 à l'Auberge des Seguins.

L'escalade est une pratique qui évolue avec son temps, c'est une pratique culturelle.

Je grimpe toujours avec ma maman, Marie-Laure, notre fils Joakim, Marc, mes nièces et neveux, JB est toujours un fidèle compagnon de cordée, avec le temps qui passe je renoue une amitié avec Laurent Jacob. Je fais une cordée avec Stéphanie Bodet, une poète-grimpeuse. J'ai de multiples compagnons de cordée, sans discrimination d'âge, de taille, de poids, de sexe, de handicaps, de morphologie ou de niveau. La richesse de notre pratique c'est sa diversité. Le partage est notre sommet.

On a inventé l'escalade libre. Notre liberté est dans la possibilité de réinventer des escalades. La conquête est une valeur pilier de notre civilisation. Notre langage et nos mythologies sont construits autour de la survalorisation du haut. L'escalade symbolise et participe de cet imaginaire. Nous devons résister à la dictature du sommet. Notre communauté ne doit pas oublier que nous redescendons. Nous, grimpeurs de tous horizons, avons une part de responsabilité pour raconter ce retour vers l'aval.

Écrire la deuxième partie de ma vie d'artiste sera une autre aventure. Il me faudrait plusieurs années encore car je suis sans cesse en création de nouveaux spectacles et le temps n'est pas à me raconter mais à inventer des histoires qui descendent. Le mouvement de la descension est mon obsession poétique. Le mot descension nous vient du vocabulaire technique de l'astronomie. La descension est un mouvement, il est vierge de sens, il n'est pas pollué de valeurs déclinantes. Notre langage polarise le haut positivement et le bas négativement. L'ascension et la descension sont pourtant indissociables. L'ascension est un désir, la descension une nécessité. L'ascension est une prise de position, la descension une prise de conscience. Je rêve que le jour de la Descension soit fêté dans le calendrier, c'est aussi un jeudi de novembre. Je travaille sur une anthologie littéraire des cent plus belles histoires de descension. Ce mouvement est une page blanche pour nos imaginaires. Je continue de proposer à d'autres artistes de s'emparer du thème de la descension.

À vous, lecteurs et lectrices qui m'avez suivi jusqu'ici, je ne vous en dis pas plus sur ma vie d'artiste. Prenez le risque d'aller aux spectacles. Il sera toujours unique, nous sommes sans cesse en état de recréation. Nos actes artistiques sont vivants, éphémères et précieux, prenons le temps de rêver ensemble.

Je vous souhaite de danser sur les façades, les falaises. Si ce n'est pas possible, je vous souhaite de grimper sur votre bureau, sur des cartons, sur le sol. Si vraiment ce n'est pas possible, je vous souhaite de grimper en vous-même et de danser avec le cœur. Je vous souhaite d'être au cœur.

Je continue de dédier ma vie à la poésie, à l'amour et l'escalade. J'ouvre des voies poétiques sur les falaises urbaines. Être inspirant est mon ultime vœu artistique.

Je n'impose plus mes désirs à mon corps sans son consentement. Je vis avec un corps vecteur de poésie et d'émotions. Mon corps est mon compagnon de vie, mon corps c'est ma première planète. Il est mon premier de cordée. Je ne fais pas trop dur pour durer, pour encore danser et grimper jusqu'à la fin.

À la fin, je ne serai que des cendres.

Saint-Saturnin-lès-Apt, décembre 2023.

Remerciements

Conseils littéraires : Marie Allain, Charlie Buffet.
Joakim Le Menestrel a fait une relecture attentionnée.
Marie-Laure Pessemesse a fait une relecture bienveillante

L'association Lézards Bleus : Myriam Waelkens, Franck Scherrer, Yves Tripard, Sandrine Neel, Carine Saussol, Anne-Sophie Dupoux

Les compagnons de cordée de la Compagnie Lézards Bleus sont : Jean-Luc Bichon, Séverine Gros, Grégory Véra, Chani Bauza, Marie-Lys Polchlopek, Anthony Denis, David Pagnon, Quentin Salvador, Fantin Seguin, Samuel Govindin, Thomas Le Gloinec, Samy Belmahdi, Clément Buzo, Gregorie Roman, Samson Milcent, Elise Riegel, Arnaud Bunel, Sophie Alione, Olivier Dobel-Obel, Sébastien Valancogne, Fred Griot, Mathilde Ekens, Alexandre Cinquini, Franck Gaudini, Laurent Martin, Antoine Pere Brissaud, Albane Lagrange-Lanaspre, Claudie Gatineau, Marie-Do Fréval, Olivier Meissel, Marianne Chaud, Karine Debouzie, George Cuvillier, Annick Krasnopolski, Claire Salmon Legagneur, Thérese Angebault, Lucile Limbert, Valy Martinez.

La Compagnie Lézards Bleus est conventionnée par la DRAC PACA, elle est subventionnée par la région Sud, le conseil départemental de Vaucluse et la ville d'Apt, mes fidèles partenaires techniques : Michel Béal, Paul Petzl.

À mes futures rencontres.

Annexe

Quelques créations de spectacles depuis 1992

1992 *Partition minérale* avec la compagnie Lézards Bleus
1992 *La Création* de François Joxe
1993 *Corps de balai international* avec la compagnie Les Piétons
1994 *Le Manège envolé* avec la compagnie Lézards Bleus
1996 *Issue de secours* avec la compagnie Lézards Bleus
1996 *Les Urbanologues associés* avec les compagnies Les Piétons et Lézards Bleus
2000 *Service à tous les étages* avec la compagnie Lézards Bleus
2000 *Folambule* avec la compagnie Lézards Bleus
2000 *L'Année des 13 Lunes* avec la compagnie Ilotopie
2003 *Bâtisseurs de rêves* avec la compagnie Lézards Bleus
2005 *L'Aimant* avec la compagnie Lézards Bleus
2008 *oXc (Odyssée)* de Pierre Sauvageot, Lieux Publics
2008 *Inferno* de Romeo Castellucci, artiste associé au Festival d'Avignon
2009-2010 *La Bourse ou la Vie* avec la compagnie Lézards Bleus
2013 *Cour d'honneur* avec Jérôme Bel, Festival d'Avignon
2018 *Lignes de vie* avec la compagnie Lézards Bleus
2019-2020 *La Dictature du Haut* avec la compagnie Lézards Bleus
2020 *Paisible* avec la compagnie Lézards Bleus
2021 *Descensions* avec la compagnie Lézards Bleus
2022 *Danse en cascade* avec la compagnie Lézards Bleus
2023 *Safety to last* avec la compagnie Lézards Bleus